Be Parents Without
Shouting and Screaming

做不吼不叫的父母
儿童教养的105个秘诀

林煜涵◎著

华夏出版社
HUAXIA PUBLISHING HOUSE

目　　录

张序：教养真的有秘诀吗？

想要成为一名合格的作业治疗师，需花费四年的时间学习大学课程，包括理论学习和实践学习。随后，必须通过正式考试，才可投身作业治疗领域[①]。尽管所学课程科目及其内容经过了严格审定，大同小异，但每年毕业刚开始工作的新手作业治疗师都能展现自身的独特风采，彰显个人特色。探究新进治疗师能为诊所带来何种与众不同的风景成为我面试新人时的乐趣所在。那年，诊所急需"新血"，当我正在翻阅各方寄来的履历时，同事突然指着一份履历惊呼："这是我大学同学！"我仔细看着履历内容，他有着不同的经历与专长，让我仿佛陷入了某种魔咒，可能我认为"有关系也许更容易沟通"，或者我对他的"特别"充满着好奇，出于这样的想法，我选择了录用这位作业治疗师。而就是这样的一个决定，让我认识了林煜涵老师。

煜涵老师的加入，宛如一道璀璨的阳光，为我们的诊所注入了崭新的活力。我们的专业服务对象是发育障碍儿童，包括存在发育迟缓、注意缺陷多动障碍、孤独症谱系障碍以及学习

---

① 读者可以检索并关注开设康复治疗学专业或康复作业治疗专业的高校，获取专业学习相关资讯。有报考正式考试需求的读者可以关注卫生专业技术资格考试中的康复治疗师考试相关信息。

困难等类型的孩子。这些孩子通常已在多家医疗机构接受过治疗，因此对各种疗程已经了如指掌，这反而给治疗师带来了挑战。我们必须想方设法激发孩子参与治疗活动的动机，因为只要孩子对治疗活动感到乏味，整个过程很可能就变成一场哄孩子的游戏。然而，这对煜涵老师而言却丝毫不成问题。他不仅拥有卓越的专业技能，更独具个人魅力，总能够引起孩子们的兴趣。这使得孩子们能够在欢乐的氛围中参与治疗活动，煜涵老师的存在使得治疗更加有效率。对于我们而言，这也带来了意想不到的收获：孩子们不仅开始期待治疗，还积极督促父母带他们参与治疗课程。这不仅减少了请假的情况，更提升了诊所的业绩。

随着时间的流逝，煜涵老师另有高就。我虽然内心依依不舍，但更多的是怀着深深的祝福。我们衷心期盼着，煜涵老师能在更广阔的舞台上继续帮助更多的孩子。多年后，我们收到了一则令人惊喜的消息，那是关于煜涵老师要出书的喜讯。更令我们感到荣幸的是，我们得以率先一窥这本名为《做不吼不叫的父母》的著作。

这本书可以说是煜涵老师多年来的经验结晶。他以深入浅出的笔调，平易近人的口吻，详细描述了孩子面临的各种问题，并透过自身的丰富经验，提供并解释了帮助孩子的方法。更难得的是，他不仅关注孩子的成长，也关注着家长在日常生活中与孩子相处的方式。本书与一般教科书式的教养书不同，书中处处都有引人深思的地方。

我印象最深刻的是第 33 个秘诀"善用孩子的喜好，激励孩子"。他在书中提到，"可以将孩子喜欢的且能激发孩子的动机的选项安排在'后面'进行，这样能够激励孩子先完成不喜欢的任务，因为在'喜欢'的吸引下，孩子更有动力完成不喜欢的事情"。我认同煜涵老师的理念，但在教养过程中我发现从孩子最喜欢的事情着手似乎也是一个不错的方式。

还记得我儿子小时候，有一次我们全家在享用晚餐后的葡萄时，我儿子坚持要把最大颗的葡萄留到最后吃，让吃的过程充满期待。因此，他先吃小葡萄，但到最后发现，他吃的每一颗都是盘中最小的！后来又发生了类似的情况，我鼓励他从盘中最大的葡萄开始吃。他意外地发现他吃的每一颗葡萄都是盘中最大的！我好奇地问他，他喜欢哪种吃法？他告诉我："我喜欢一直吃最大的，每一颗都让我觉得特别好吃！"这让我重新思考一个问题：到底应该把"喜欢的"事情留在最后做，还是应该将其优先"享用"？这个问题让我在阅读第 33 个秘诀时，深思许久。

而在第 95 个秘诀"强化优势能力，放下弱势"中，对这个强化优势能力的观念我特别重视。近年来，尤其是在目睹发育障碍高职学生在就业过程中遭遇的困难后，我更深刻地体会到，若能在早期发现并培养他们的优势能力，可以为他们的未来打造一条更宽广的道路。这些孩子如果能够从小就发现自己的优势，并且加以练习，或许不仅能够获得一项独特的技能，甚至可以在该领域表现得更加卓越，从而实现独立生活的目标。

然而，作为父母的我们常常希望孩子能够顺应现有体制，并与同侪竞争。我们不仅期望他们在考试中表现优异，还希望他们能够进入优秀的学校。我们常常认为这样的选择可以确保他们未来的生活，却忽略了这样的做法可能会为孩子带来压力，也忽略了孩子可能本身具有的优势能力。

因此，就如同煜涵老师所描述的，每当与家长交流时，我总希望他们能够找出孩子的优势，将优势培养成兴趣，将兴趣发展成专长，因为这项专长可能足以让孩子赖以谋生，而爸妈在教养的路上也能够更轻松！

在我看来，这本书绝非只是一本教养指南，也不只是一本使用手册！相反，我认为这本书具有更深层的价值，它应该被视为一本值得父母细读和深思的教养宝典。透过这本书，我们可以结合自身的教养理念，反思我们过去的做法，并重新审视我们的教养方式。

阅读这本书后，您可能会意识到一些看似合理的教养方法实际上并不适切。这将促使您做出一些必要的调整，以更适应孩子的发展需求。同时，您会对书中提倡的那些适当教养方法充满信心，因为这些方法已经经过煜涵老师的实践，被证明是有效的。

因此，我诚挚地建议您阅读《做不吼不叫的父母》，您将在自己的教养之路上获得更多、更有深度的智慧,成为更有自信和能力的优秀家长。

张旭铠

作业治疗师

陈序：身为家长不必惶恐

在期待小生命降临的时期，我们会常翻阅各种有关新生儿照护的书籍，生怕在宝宝出生后，面对宝宝的各种不适状况，只能手足无措地干着急；养育孩子初期，对于孩子生理上的各种变化，我们大都通过书籍学会如何照料这个稚嫩的小生命，这样往往能将宝宝照顾得很好！

然而，当孩子长大了，更多地参与到我们的生活中了，我们是否仍可以通过翻阅书本，学习如何与日渐成长的孩子相处？

当孩子开始学会说话，拥有了自己的主见时，有些孩子可能会出现失控的状况，比如易怒或难以接受挫折。面对这些情形，我们往往因为不知道原因，仅能以大声训斥应对。

但错误的互动模式只会让亲子关系日益紧张，这时候，我们应该重新拾起书本，学习如何教养孩子，从关注孩子的生理状况，转向关注他们的心理状况。

在此，我极力推荐阅读林煜涵作业治疗师所著的《做不吼不叫的父母》。

身为两个孩子的父亲，我自己在与孩子的沟通上，也曾经遇到过困难。当时，我搜集了许多有关儿童教养的书籍，花了不少时间才归纳出自己孩子的个性特质，进而通过书中传授的知识逐渐掌握如何与孩子正确互动。

　　然而，你现在不需要像我一样，阅读十几本书后才能收集到这些育儿经验。

　　这本书已经帮你归纳总结了孩子会出现的各种状况，并且利用实际案例让你学会如何与孩子进行正确互动。你只需要读这本书，就能知道如何与孩子建立良好沟通的正向循环！

　　想当一个好好说话而非整天不断大声斥责的爸妈吗？

　　将《做不吼不叫的父母》放在客厅随手拿得到的地方，每当你因照顾孩子而产生负面情绪时，立刻拿起这本书翻阅，看看如何逐步放下负面情绪，正确与孩子互动！

　　《做不吼不叫的父母》是我热情推荐给每一位父母的书，希望这本书能助你在育儿之路上，带领孩子走向更丰盛的人生。

陈鸿睿

布布童鞋创办人

吕序：特别的爱给特别的你！

"为什么孩子两岁还不会走路，不会说话啊？"

"儿子在读幼儿园，怎么老是跑来跑去，坐不住？"

"女儿怎么教就是不专心，学不会，怎么办？"

"小朋友好固执，突然情绪大爆发，为什么？"

这是我在巡回演讲与培训时，常常被家长与老师问到的问题，其实对于这些问题，作业治疗都可以帮上大忙！

我们作业治疗师每天都在照顾许多有发育迟缓、孤独症、注意缺陷多动障碍、情绪问题、学习困难的孩子……每个孩子都需要作业治疗师的专业评估与训练，通常只需要接受为期3个月的专业作业治疗，搭配居家练习，孩子就会取得进步，提升学习力！

我非常欣赏煜涵老师的努力与用心，一直陪伴需要作业治疗专业协助的孩子及其家庭，十几年来始终如一，怀着满满的爱与热忱，真的令人非常感动！

煜涵作业治疗师运用将近20年的临床经验，通过家庭故事完整介绍各种类型孩子的发展情况与重点，也分享好玩的游戏和活动，帮忙孩子们全方位成长！

感谢煜涵老师一直守护在孩子们身边，这真的是大家的福气！

这本书真的好看又实用！煜涵老师用孩子们的发展故事说明教养的秘诀，引导我们看见问题，还会附上重要的忠告，真的太棒啦！

这本书适合所有父母买来翻看，也可以作为从事儿童教育、幼儿发展、早期干预等相关工作的伙伴的参考书，更是支持无数家庭的心灵鸡汤。

请大家奔走相告，一起分享这本书，一起帮助有需要的孩子与家庭！

吕忠益

台湾阳光天使作业治疗儿童发展关怀协会创办人暨理事长

苏序：所有孩子都是特别的

每个孩子都是独立的个体，有独特的个性、独特的处事方式、独特的学习模式，我们若能深入了解每个孩子，就能比较容易地理解孩子、教导孩子，并且解决亲子教育中的许多困惑。

我与林煜涵作业治疗师相识多年，从高中一直到现在，从学生身份到治疗师角色，再到身为人父，不同时期，我们会交流不同的心得。林煜涵作业治疗师唯一不变的就是对人的暖心，以及对事的细心。每每相处下来他总会带给我许多不同的收获，尤其是在儿童教育、教养与治疗这个领域，他更有许多独到的见解与建议。

同时，林煜涵作业治疗师更擅长在咨询过程中，以自身的经历、治疗师的专业素养为基础，从家长的角度诉说与孩子的相处之道。现在，他把他多年的经验汇集在这本书中。

本书通过分享实际案例故事，传达教育的理念与治疗的观念，分析这些孩子出现问题的可能因素，再用"秘诀"的形式提供策略与方法，让读者可以轻易熟记与理解，帮助家长提高教育、教养的效率。

《做不吼不叫的父母》对于目前处在未知状态的家长，会是一本很好的教养书；对于目前处在茫然状态的家长，会是一本很棒的指引书；对于目前处在紧绷状态的家长，会是一本很赞的教导书。

苏文清

阳光种子作业治疗所所长

自　序

起源

时代在不断进步，孩子也随之出现越来越多新的问题，父母一边期待家中宝贝的到来，一边担心科技带来的环境污染、3C 产品[①]带来的蓝光刺激、食品添加剂造成的健康问题，以及当下主流教养方式是否合适，同为这个时代的父母，我真的能体会为人父母的辛劳与焦虑。

能确定的是每个孩子都是独一无二的个体，都有独特的个性与气质。孩子与生俱来的特质是好还是坏，取决于我们用什么样的角度来看待。从正面的角度看，孩子可能是勇者无惧、爱憎分明、当机立断、谨慎小心、机警敏感、专注坚持、坚守本心的，而从负面的角度解读，孩子就可能变成胆小退缩、是非不分、优柔寡断、粗心大意、漫不经心、轻易放弃、冥顽不灵。

所谓气质没有好坏之分，只是由气质延伸出来的行为、语言、情绪及社交能力等外在表现会有不同。若是孩子表现得过于特立独行，往往会在团体当中显得"特别"（不见得是好

---

① 3C 产品是计算机类、通信类和消费类电子产品三者的统称。

还是坏）。

如果孩子的"特别"不是我们期望的样子，我们可能会将其视为小状况、小恶习、小调皮、小错误等，这些都是能够被社会大众所包容与接受的。倘若这些小状况随着孩子年龄的增长不断地被强化，就会间接影响孩子的学习、人际交往以及他人对孩子的评价。如果我们能趁孩子的年龄尚小时对其进行训练，让这些小状况不那么醒目，那孩子所承受的来自外界的压力就能少些。这些压力就能来得晚些，晚到孩子拥有足以承受的能力时！

但是，训练和解决这些小状况、小恶习、小调皮、小错误并不容易。本就面对繁重教养压力的父母遇到这些亟待处理的问题，极有可能手足无措，用吼叫的方式处理或把这些问题交给老师和作业治疗师。

初为人父

身为治疗师，我虽然每天有十二个小时的时间都在与孩子相处（早上在学校工作，中午和晚上在诊所工作），但知道即将成为父亲的那一刻，心里还是非常复杂与矛盾的。开心的是盼了许久，终于与太太有了爱的结晶，矛盾的是十个月后就升格为父亲，我能成为一位合格的父亲吗？教学生没问题，教自己的孩子能足够耐心吗？夫妻能够在教养上相互沟通协调吗？

太太从怀孕的那一刻起，就在坚持健康的饮食习惯、良好的生活作息，牺牲了许多原本的兴趣与爱好，而作为丈夫的我呢？还是和以前一样，工作十二个小时，节假日去做拍摄、演讲方面的工作，感觉我好像只需要多关心太太并且陪伴产检、准备孩子出生后的日用品，除此之外似乎不知道还能做什么。太太就这样经历了呕吐、差点患上妊娠糖尿病，又安胎了近一个月，健康的宝宝终于出生，辛苦伟大的妈妈——我的太太！

为父则强

由于孩子妈妈在结婚时特别强调"不会放弃工作当全职妈妈"，所以过了两个月的月子期（一个月在月子中心，一个月在家里），孩子妈妈便回到工作岗位上。由于父母年迈，不方便带小孩，只能借由亲友的介绍，把小宝宝安排给保姆照顾，早上我负责送孩子去保姆家，晚上妈妈负责接孩子回家。

妈妈下班就可以与孩子相处，但我就像个假日爸爸，回到家已经十点了，孩子已经上床休息。为了让我每天有时间与孩子相处，妈妈会刻意把宝宝洗澡和睡前一餐（喝奶）的时间留给我，即便出门超过十二个小时，一身的疲惫，我还是会享受每天与孩子这段亲密的相处时间。

我生怕孩子在保姆家缺乏应有的感官刺激，所以在假日一定尽量带着孩子出门，去看山看海、吹风晒日，雨天就去商场。果不其然，孩子在发展过程中虽然没有严重落后，但以治疗师的高标准，孩子的确在许多发展的里程碑上有明显的"稍慢"：在学坐、爬、站、走上都稍慢些，而且孩子在两岁以前就明显的好动、过度害羞、不喜欢眼神接触，甚至莫名的固执——在商场一定要自己按电梯；回家一定要自己开灯；用固定的排列方式摆放玩具；对事情特别坚持，没有看过、吃过、玩过的任何事物一律"不要"！没有去过的地方一律"不去"！

开玩笑！我是老师，怎么可以有个"落后"的孩子？下班后、放假时，我经常带孩子做许多的训练与强化练习，妈妈也在孩子两岁左右全职照顾，甚至领孩子到我的诊所做早期干预（多动、注意力差、不与人互动），拜托我的学弟学妹多多帮孩子！

将心比心

对于孩子是否需要评估，同事们的专业意见也有分歧，有人觉得评估后会心安，比较实际，有人却觉得意识到了问题并做早期干预就够了，不见得要去医院走这个繁杂的流程（那个时候不需要评估报告就能接受干预）。

最终，我跟太太达成共识，本着"预防胜于治疗"的理念，以先提高孩子的能力为重。身为爸爸的我，那阵子会特别关注别的父母的"声音"，还会告诉这些无助的家长们要坚强，我自己的小孩也在做早期干预，大家互相鼓励！

做了几个月的早期干预，我的确发现孩子在许多方面（肢体运动、口语表达、社会性互动）都明显进步了。不过孩子似乎是人前人后两种表现，在治疗的场所对老师的要求都能配合表现，一旦离开了那个场所就选择"做回自己"。

意识到治疗与教养同等重要，我们把孩子的教导重心重新放回家里及生活环境。我在学校与诊所里看到过许多与自己的孩子表现相似的孩子，此时真的更能感同身受。

在给学校老师与家长提出建议的时候，我除了能客观地站在一个治疗师的立场，更能主观地从身为父亲的角度看孩子的问题，如"如果自己的孩子在家也是如此，我会如何教？"或者"这个孩子出现了跟我的孩子一样的问题，上次我跟妈妈是如何处理的？"教养孩子的过程似乎对我的工作有了很大的启发与帮助。

爱与分享

一路上，我陪着自己的孩子与学生一起成长，哥哥四岁那年我们又迎来了弟弟，他跟哥哥有着完全不同的个性。哥哥表现出的是害羞、敏感、慢熟、惧怕社交，而弟弟表现出的是勇于冒险、大方、喜欢学习与互动，每个孩子都有自身的优缺点与不同的特质，他们就像我跟太太各自的影子。

这时候哥哥已经因为时间无法协调而停止了早期干预的训练，太太也因自己带两个孩子而心力交瘁。接下来的日子，我们夫妻花更多的时间沟通与协调，为了让孩子变成"理想中的样子"而整天唇枪舌剑，最终一切还是为了孩子好。

我们经沟通分摊了家里的工作以及对孩子的教养责任，孩子的品性由她培养，能力由我训练，对于孩子本身的不足，我们一起改善。慢慢地，哥哥渐趋稳定成熟，他原本因为先天原因的限制而无法适应学校生活，这方面的能力也提高了，而弟弟就照着相同的轨迹一同训练。

我们发现即便学校的老师再用心、周边的亲友再认真，孩子真正改变的关键还是在于父母（或主要照顾者）。想要把如此成功的经验如实分享给广大家长、老师，就是完成这本书的动机。希望父母们都能一同努力，肩负起处理孩子的小状况的责任。通过阅读本书可以不吼不叫，从容地解决教养中的问题，让孩子成为我们理想中的样子。

林煜涵

2024 年 1 月

慢飞天使

　　第一次看到小柔时，她在幼儿园中班就读，是个非常文静的孩子，她的眼睛大大的，面容充满稚气。我当天服务的孩子并不是她，而是同班的特殊需要学生。我会注意到她是因为正值午餐时间，中班的她却只拿着奶瓶喝牛奶，跟老师了解后发现这又是一个"隔代教养"的个案。

　　我走过去问她："怎么不跟大家一起吃午餐？"她只是眼睛骨碌碌地打量我，并且害羞地继续喝奶。原来小柔是个早产儿，她妈妈自己带起来很辛苦，因此小柔两岁之后就交由爷爷奶奶带。初期喂她食物时，她因为懒得咬，直接吐出来，爷爷奶奶怕她营养不够就一直给她喝牛奶。

　　午餐时间将尽，一些孩子纷纷被老师叫到身旁，原来这是一群挑食或咀嚼速度很慢的小孩，老师怕他们吃不完午餐下午会饿，只好把他们叫到身边，给他们压力，让他们加快吃饭速度。

状况1　孩子的咀嚼能力差，吃东西的速度慢或挑食，怎么办？

　　医学研究显示，孩子的咀嚼能力不仅影响进食状况，还和口腔发展、口语表达及大脑的发展有较强的相关性。儿科医生建议婴儿四到六个月大时，家长就可以开始训练其吃辅食。而一岁左右的孩子，几乎可以跟大人吃一样的食物（除了特别有韧性或者坚硬的食物）。幼儿园阶段或学龄阶段的孩子的挑食状况日趋严重的原因，除了少子化趋势下家人对孩子比较疼惜之外，还有食物的选择增多。大多数的家长抱着"能吃就是福""挑食总比不吃好""不吃这个就选择他爱吃的其他食物就好"这样的想法，小孩也是因为抓住了家长的这个心理就要赖皮。

- 关键忠告：孩子年纪还小，所有的习惯都可以通过家长的教导培养。挑食的问题事小，但令人害怕的是孩子"依样画葫芦"：现在可以挑食，以后就会挑玩具、挑学习内容、挑环境、挑老师……如果条件允许的话还是建议尽量训练孩子一点点地接受不喜欢的食物，未来才有机会尝尽各种人间美味。

秘诀 1：咀嚼能力的高低通常和口腔动作发展有关，不管是利用嘴唇还是舌头做出的各种口腔动作都利于咬字、咀嚼和口语表达能力的提高。

- 嘴唇相关动作：嘟嘴、歪嘴、抿嘴、张嘴、鼓起腮帮子等。
- 舌头相关动作：舔上下唇、舔左右嘴角、连续吐舌头、舌头上顶、舌头左右顶内颊等。
- 发音：学动物叫声、交替发出不同的声音（咕噜咕噜、叭哺叭哺、哗啦哗啦）、发出惊叹声（啊、喔、欸、嗯）、玩声音游戏。

家长还可以将以上活动与生活相结合，如让孩子做鬼脸、舔棒棒糖、吹泡泡、吸（奶茶里的）珍珠、漱口、刷舌苔、舔嘴唇。

我们还可以用美味的或者孩子喜爱的零食训练孩子的咀嚼能力。孩子的咀嚼能力不佳，家长可以给予 QQ 糖、肉干、微甜的魔芋、鱿鱼丝等稍微有韧性的食物，作为孩子吃完正餐后的奖励，同时训练其咀嚼的能力。

秘诀 2：跨出尝试的第一步，人生就是先苦后甜。

许多孩子对于没有尝试过的食物会直接拒绝，或者对于品相不美观的食物直接抗拒。父母务必秉持着温柔且坚持的态度，即使"威逼利诱"也要让孩子尝试一口，但如果孩子真的无法接受，也不需要强制。

人的感官喜好是能够被改变的，父母要告诉孩子下次再碰到一样的食物，务必吃一口，尝试几次，孩子就会慢慢接受。如同大人怕辣，一开始会先吃一点微辣的食物，再来中辣的，最后如果喜欢就会尝试特辣的食物。所有的食物都是能被慢慢接受的，关键是父母是否坚持训练。

父母可以用轻松玩耍的方式减轻孩子对食物的抗拒，例如：舔舔酱料、吸吸青菜汁、嚼烂吞咽、咀嚼品味。

父母告诉孩子吃一口不喜欢的食物后就能吃一口喜欢的食物，或者在孩子不喜欢的食物上加上其喜欢的酱汁。用孩子能接受的味道盖过其不喜欢的味道，让孩子慢慢接受并习惯新食物。

秘诀 3：学校的一小步，家长的一大步。

师命难违：当父母要求孩子接受食物时，许多孩子会表现出抗拒，但上学后老师稍微要求，多数孩子会碍于面子或者出于惧怕的心理勉为其难地尝试，这时我们就要善用老师的权威，提高孩子对于各种食物的接受度。

里应外合：与老师保持良好的联系，若孩子跨出尝试的第一步，一定要给予肯定和支持，针对孩子在学校能够接受的食物，在家里做同步训练，加快习惯的速度。

减少选择：在备餐或外食时，不需要特别准备孩子喜欢的菜色（在学校孩子也无法选择菜色），让孩子慢慢习惯不是所有的菜色都一定是他喜欢的，但是只要孩子愿意尝试不喜欢的菜色，餐后就可以吃喜欢的水果或甜点，以此增强孩子尝试的动机。

还好小柔有一个重视外部支持的家庭，虽然她的父母工作忙碌，但还是听从老师的建议带小柔去指定的医院做全面的评估和早期干预。

在下学期，父母配合老师为小柔申请了巡回指导教师和专业团队的支持，于是我受邀进班观察小柔的能力与适应状况。

跟小柔在学习区互动的过程中，我发现她的经验非常少，搭积木、拼拼图都不会，在唱歌跳舞的活动中略显不协调，一些和生活相关的问题她也答不出来（例如，平常我们用什么东西开门？哪种水果尝起来酸酸甜甜的？公交车和地铁哪个比较大？）。我以为她的家人都没有带她出过门，了解后发现其实爷爷平时会定时带她去社区旁的公园玩，父母每周也会带她去露营，既然如此，小柔怎么还有类似刺激不足的问题呢？

状况 2　孩子欠缺生活刺激，动作及操作经验不足，怎么办？

● 关键忠告：孩子从婴儿时期就开始探索周边的环境，利用嘴巴、手、身体、眼睛、耳朵……跟环境互动并从中学习。大部分父母能够营造符合孩子年龄的情境与活动以此给予孩子刺激，但许多父母要求孩子配合大人的喜好学习，这样做会让孩子少了某些经验与刺激。

秘诀 4：关心孩子的成长里程碑，因材施教。

在每个成长阶段，孩子都有需要发展的能力，切实地让孩子接受各种刺激才能让孩子拥有各种能力，例如：同龄的孩子都可以单脚跳，那我们就要让孩子也试着单脚跳；同龄的孩子都可以拼拼图，那就要让孩子跟着玩。我们不用要求孩子掌握得很熟练，但至少要有尝试的经验。

了解儿童发展的里程碑，跟着孩子发展的脚步挑选适合孩子的教具和互动方式。例如，孩子在学走路或跑步，我们可以用各种材质的地面让孩子多一些不同的体验与刺激（软垫、草地、沙滩、碎石子地……）。孩子在学龄期，可以参与同龄孩子的游戏活动（骑单车、跳绳、跳高、扯铃、"鬼抓人"、躲猫猫……）。

秘诀 5：玩是孩子的天性，但不是人人都会玩。

孩子的个性都是不一样的，有的孩子天性活泼，喜欢寻求新的刺激并从中学习，当拥有一样玩具时，能用试错的方式探索及创造各种玩法；有的孩子比较被动或者墨守成规，老是用固定的玩法操作教具与玩具。

这时候家长的陪伴与引导就非常重要，从模仿到创新需要一段时间，若是父母能好好引导孩子，让玩具充分发挥功能，对于孩子之后的学习会有潜移默化的效果。玩是孩子的天性，让孩子拥有各种"玩的能力"，是建立各种基本认知的重要基础。

秘诀 6：爸妈想做的事，对孩子有帮助吗？

我常常在社群中看到许多家长分享自己与孩子的亲子时光，参加各种节日活动、赏花登山、参加体能活动、参观各种展馆、打卡秘境……这些的确可以给予孩子很好的刺激与经验！但这些活动的选择与安排都是由家长决定的，在活动的过程中，我们要考虑当天的参与能带给孩子什么样的体验。换句话说，就是要站在孩子的立场考虑参加活动的必要性，而非只是因为家长想参加。

例如，小柔的父母每周都去露营，但小柔的年龄还小，父母很少让她参与扎营及炊煮的过程。露营对她来说，就是与其他孩子在草地上奔跑嬉闹的活动。若是家长能带孩子做一些团体的活动或体能游戏（丢飞盘、躲避球），露营就不只是父母在喝酒、聊天、放松的假期，而是既能增加亲子互动也能给孩子创造适合的学习机会的教养时光。

秘诀 7：一成不变的环境与活动，难擦出火花。

小柔的父母虽然每周带她去露营，爷爷也常带她去公园，但去的地方、活动的形式、玩乐的设施、参与的人员其实都大同小异，所以很难有新的刺激与经验。建议带孩子去不同类型的公园以及使用不同的设施，增加孩子的操作经验。

若能调整和变换参观的地方与参与的活动，例如，去动物园、科教馆、博物馆、文艺中心、亲子馆、花展、博览会等，孩子能够接受的刺激会更多，也能从其中学习更多的常识与知识。建议家长们适当利用网络搜寻适合的亲子活动地点，这样不仅能让孩子的生活多姿多彩，也能够让他们学习到更多内容。

第一次给小柔做抽离评估时，她显得很抗拒，甚至躲在老师的后面紧张得哭出来了。

了解她进幼儿园的过程后，我才知道原来她每天入园后都会大哭。这一状况持续了将近两个月，她适应新环境的能力欠佳，甚至有所谓的分离焦虑。

我第一次接触她并进行评估是在学期中，她已经习惯了幼儿园的生活，但我对她来说还是个陌生人，所以她还是会显得害怕与退缩。

状况3　孩子疑似有分离焦虑，怎么办？

● 关键忠告：人具有一定的适应能力，会适应环境变化。许多孩子从小安全感不足，会时常依附在照顾者身边，适应能力较弱。当意识到要离开主要照顾者时，孩子便利用哭泣、抗拒、紧黏的方式，让照顾者无法（不忍）与其分离，我们可以慢慢训练孩子勇敢面对分离，从而解决这一问题。

秘诀8：建立物体恒常性的概念。

正常的情况下，孩子在六到七个月大时便会开始建立物体恒常性的概念。

在孩子小时候父母可以跟他玩躲猫猫游戏（用手盖住脸再把手拿开），等到孩子大了就可以变换成躲在棉被里、躲到床下、躲到门后面，帮助孩子建立物体恒常性的概念，再进一步，就可以躲到厕所、厨房、别的房间，帮助孩子适应看不见照顾者的状态。

秘诀 9：更换主要照顾者。

这类孩子多半会对主要照顾者产生情感依赖，我们可以试着让主要照顾者暂时离开，换成第二照顾者。

一开始，时间不需要太久，也要忍耐及忽视孩子的哭闹，待孩子的情绪较稳定后，照顾者再出现，以此让孩子习惯第二照顾者。再逐渐增加主要照顾者离开的时间，等到第二照顾者能完全"取代"主要照顾者之后，再进一步由第三照顾者代替第二照顾者看顾孩子，以此类推，提高孩子对于不同照顾者的适应能力。

秘诀 10：提供安抚物，从而给予安全感。

若是在主要照顾者离开的过程中或者孩子进学校就读时，孩子情绪不稳定的状况持续得比较久，建议可以让孩子随身带上喜欢的物品或玩具增加安全感，例如，睡觉用的小毯子、常抱着的娃娃、最喜欢的玩具车等，让孩子把对主要照顾者的依赖转移至物品上。

学校老师也可以用孩子父母的照片、声音（电话或语音）强调恒常性的概念，让孩子拥有安全感。

在孩子稍微稳定或习惯的情况下，给予喜欢的玩具或做喜欢的游戏转移其注意力，将孩子依赖的对象转变为老师或其他照顾者。

秘诀 11：父母必须学会放手，调整心态。

在学校门口，我们最常看到的就是父母或祖父母与孩子上演"生离死别"的戏码，不知是孩子焦虑还是家长焦虑。家人的不安与担忧会影响孩子学习独立的过程。这时候父母要试着放手，忽略孩子的哭闹，相信老师的专业与能力，坚定且温柔地告诉孩子"学校很好玩，你乖乖听老师的话，四点我会过来接你"。接着头也不回地离开，让孩子慢慢适应新环境。

小柔在父母与祖父母的用心配合下，一年来在幼儿园的表现已大幅度进步，家人也愿意听从老师的建议做教养上的调整。她的许多能力已经赶上同龄的孩子，但老师依然发现小柔在做生活自理相关任务时，往往会因为慢半拍而跟不上学校的节奏。

小柔是爷爷口中的"金孙女"，爷爷常常因为她动作慢而帮忙喂饭、穿鞋袜，导致小柔的生活自理能力远远落后于同龄孩子。

状况 4 孩子的生活自理能力差，怎么办？

● 关键忠告：在所有需要培养的能力中，生活自理能力是
  最基本的也是最重要的。孩子能够独立穿衣、盥洗、收拾
  玩具、整理书包，养成独立的好习惯，进入小学后才有余
  力及时间应付更多的课程学习。

秘诀 12：不会做？等待是最重要的。

生活自理能力的学习重点就是每天反复练习。

我们每天刷牙洗脸、洗澡穿衣会觉得很辛苦、吃力吗？应
该是不会的。因为这些事情是我们几十年来日复一日、年复一
年反复操作的。我们养成了习惯，就不会感受到任何的难度与
压力了。

让孩子养成好习惯，放手让孩子用玩的方式学习。重点是
孩子做不好，我们就等待，不要替他做，并且坚定地告诉他：
"不要急，慢慢来，我相信你做得到。"

反复练习，孩子会从失败中吸取教训并加以改正，一定会
越做越顺手、越做越熟练。

秘诀 13：做不好？利用工作分析法训练。

有些孩子天生动作较为笨拙，建议针对这种情况可以将动

作细分为几个步骤，即所谓的任务分析（task analysis），以洗手的"淋→搓→冲→关→擦"为例子。

（1）顺向串链（forward chaining）：从起点行为由前往后教，如果会了就强化，不会则给予协助。（淋→搓→冲→关→擦）

（2）逆向串链（backward chaining）：从最后一步开始教，前面的步骤则由父母协助完成，教学进程逐步往前推进。（擦→关→冲→搓→淋）

（3）全任务呈现法（total-task presentation）：每次教学教全部的步骤。这种方法通常较自然、有效。（淋→搓→冲→关→擦，多次呈现）

秘诀 14：让孩子从帮助别人的过程中获得成就感，并且掌握泛化能力。

孩子是否能把新学到的生活自理技能教给家中的弟妹或学校中能力更弱的孩子？让孩子成为指导者，会让孩子有"以身作则"的心理，孩子会提高对自己的要求并审视自己的表现与能力。在指导的过程中，孩子又有了重复练习的机会，也会用到老师教自己时用的行为分析的技巧，等到学龄后，孩子还可以用这一技巧学习其他知识。

后来小柔上了小学。经过评估，小柔已无需特殊支持。就我所知，她在小学的适应状况非常好，学业方面有一定的学习能力，生活及人际关系也没有太大问题。这验证了即便孩子有些小小的状况，通过家长的用心及老师的加强训练，许多问题都可以被解决。从此我开始特别喜欢进学校，因为我们不仅可以帮助孩子，还能提示家长们意识到他们在孩子的生命中有多么重要。

快闪高手

伟伦是十多年前来诊所的孩子。记忆中的他瘦瘦的、很安静，而且经常会不安地看着我。与其说我对他的印象深刻，不如说他的妈妈让我无法忘记。评估时，他妈妈滔滔不绝地叙述他在学校、托管班及家中的十大罪状。

那一年，他上三年级，进入治疗室后很快与其他孩子一起活动，不怕生、动作灵巧是他最大的优点。他妈妈最困扰的是才开学一个多月，每天孩子的家校沟通簿上几乎都是满满的"告状文"。原来是伟伦常因动作太大而碰撞到其他孩子，在跟人互动的过程中也常因把握不好力道误伤对方。

难怪他妈妈那么紧张兮兮，因为每天都要面对家校沟通簿上的"惊喜"。

状况 5 孩子的动作常常太大，造成许多误会与冲突，怎么办？

- 关键忠告：首先一定要分清孩子是否因为无法控制自己才造成那么多的"不小心"，如果是，基本上我们会将这一状况归咎于他的冲动倾向；如果不是，那么他就是故意做出这样的行为的。案例中的伟伦属于前者，后一种情况我会在后续章节探讨。

秘诀 15：想动就动个够吗？动也要有所选择。

有冲动倾向的孩子给大家最深刻的印象就是像个充满电的兔子玩偶，冲来冲去不需要休息，即使不午休，晚上也很有精神。多数父母会给孩子安排很多运动类的活动，如跆拳道、田径、足球等，想好好消耗一下孩子的精力。这样对吗？由衷地奉劝各位父母，"胃口是会被养大的"，如果给孩子安排过多的体能活动，反而会让孩子的体能越来越好，其"电力"也会持续增强。

建议给孩子安排一些需要高度专注、高水平技巧或有规则的活动，像是轮滑、体操、乒乓球、羽毛球、游泳等。孩子能在运用高水平技巧运动的过程中提高动作控制能力，从而习得在做动作时如何收放自己的力量并控制自己的速度，还能在有规则的活动中学习遵守规则并调整自身的节奏配合活动。

秘诀 16：怕的不是动不够，而是静不下来。

有冲动倾向的孩子真的总是活力满满，父母要他不动，就会让他全身不得劲儿。其实好动和冲动的差别就在于是否能够控制何时该动、何时该静，静下来这件事是必须花时间学习的。

建议在孩子一到两岁的时候，父母就开始陪伴孩子在固定的时间静下来做一些事情（玩过家家、玩玩具等）。

注意力的维持需经过长期培养，孩子若是长大了还是静不下来，可以每天用十分钟的时间陪伴他看书、练习写字、拼拼图、玩桌游或下棋，让他从这些十分钟安静的活动中开始"玩"。

因为孩子的定性与注意力可能真的比较差，所以这时候陪伴是最重要的。

随着孩子专注习惯的养成，父母可以慢慢增加安静活动的时间，一次增加两分钟，让孩子能够有效率地进行活动。这样，等到孩子需要写作业时就可以将作业分段完成。

虽然孩子的注意力容易分散，但我们可以协助他在短时间内有效率地完成部分作业，然后休息片刻（喝水、去卫生间、走一走等），再继续完成接下来的作业。如果想让孩子一口气完成所有作业，反倒会让孩子想要在你没盯着他的时候动来动去（不是玩文具就是乱写乱画），拖延且没效率地写作业。

秘诀 17：与其让孩子学习拿捏力道，干脆完全禁止孩子做出让人误会的行为。

伟伦的妈妈要求他在需要跟同学有所接触时注意控制力道，这其实是很难的。

感觉是很主观的且无法被量化与定义，因此对每个人来说哪种叫"碰"、哪种叫"打"、哪种叫"玩"，都是不一样的。而伟伦的控制能力又较一般孩子更差一些，常常会出现他只是和同学打招呼，却被误会在侵犯他们，所以最好干脆要求孩子完全避免肢体接触，减少被误会或引起冲突，多利用口语交流的互动方式。

再者，伟伦在家中常常跟爸爸、弟弟做"战斗""对战"的游戏，这让伟伦把平常在家中常用的互动方式复制到与其他人的互动中，觉得跟同学的嬉闹很好玩，但又无法控制力道，所以才常常被同学告状或被人误会打人。因此，我告知家长在家里要尽量减少这种肢体碰撞的玩乐方式，否则未来他会在人际互动上遇到很大的挫折，因为同学怕引起不必要的争端，便会与他保持距离。

秘诀 18：社交距离与空间的建立。

人是依靠感官感知世界的物种，也是会产生习惯的物种，常常会把与家人的互动方式泛化或复制到与其他人的互动中。

伟伦虽然已经小学三年级了，依然跟爸妈与弟弟同睡一张床，所以在睡觉或休息时多少会与家人接触或碰撞。这种接触其实能增添与家人的亲密感，而且他们亲子间的感情与互动也不错，即便他上了三年级，还跟妈妈亲吻拥抱。

这种互动方式却不见得人人都可以接受。伟伦曾经因为对同学有好感而抱同学，同学却觉得"他把我束缚住，我很不喜欢"。

随着孩子年龄增长，家长可以渐渐转换一些互动的方式，例如，拍拍肩、牵牵手、摸摸头或者口头上的鼓励与互动，甚至家中若是有多余的房间，可以让他和弟弟离开爸妈的房间，训练独立，避免睡觉时身体不必要的接触。在与他对谈或互动中也可以开始教他保持适当的距离，这是一种人与人之间的礼貌，也是一种自我保护。如此一来，伟伦与同学碰撞的概率也会相对减少。

经过与伟伦妈妈的沟通与在治疗室中带伟伦反复做练习，伟伦的联络簿上的红字明显减少了。但是，老师与家长还有一个困扰，就是孩子的冲动性太强，他常常在老师还没问完问题时就抢答，又或者不管去教室还是回家，总是抢着排队、爱讲话。

我在治疗室里观察到，他的动作能力还不错，也常常为了得到大人的肯定而想要表现自己，以为"快"就是好，因此非常急躁而且无法等待，也常为此跟弟弟和同学产生冲突。

状况 6　孩子总是没耐性，想争先或抢答，怎么办？

● 关键忠告：急躁是一种个性，没有所谓的好或坏。想要在大人面前表现自己是好的，但因为急躁而破坏人际关系或草率地处理事情，反倒会给人留下不好的印象。

秘诀 19：教导"欲速则不达"的观念。

如果孩子总是争先，以为"好"就是尽快完成老师或家长的指令与要求，父母就要帮助孩子建立"快不一定好"的观念。

在治疗室，我们设计了需要高度专注和谨慎的游戏，例如，沙包放在头上走直线、用瓶盖托着球跨越障碍物。游戏中只要孩子因动作过大或晃动，导致物品掉落，就必须重新开始。

伟伦一开始以为这些游戏很容易，总是横冲直撞，而物品总是掉落，看到许多同学都慢慢行动并通关得分，这时候他才知道慢的好处。

渐渐地，他发现调整自己的节奏，才能在活动中得分。但整个竞赛下来他的分数还是不理想，表现得没那么稳定。

直到经过几次课程后，他终于知道该慢的时候要慢，才能有好的表现。

秘诀 20：建立统一的管理规则。

一直以来，伟伦都认为速度快就是好、就是厉害，因此我请老师在提问时观察他的表现，只要他没有遵守规则举手，就不请他回答问题，违规三次，就一节课都不能发言。

虽然伟伦能轻松回答老师在课上的提问，但他总是不等老师说完就举手。因此，我让老师在这种情况下不请他回答问题，如果他还是多次不遵守规则，就剥夺他课堂发言的权利。

一开始他感到生气，但因为所有老师一致地要求他遵守班上的发言规则，半个学期下来，他抢答的状况渐渐得到了改善。

秘诀 21：快的人必须等慢的人。

伟伦父母的个性其实都很急，弟弟则动作比较慢，所以家里会用"吃完饭就可以看电视""做完功课可以玩平板电脑"等规则，不断强化了伟伦加快速度的行为。

我建议伟伦妈妈，即使伟伦很迅速地完成了任务，也要求他必须等弟弟完成后才能得到奖励。也就是说伟伦的速度再快，也必须等待或催促弟弟。如此操作的优点是伟伦学会了等待，而弟弟的速度加快了。

渐渐地，伟伦不再急躁，他说："反正再快也要等弟弟，那我跟他一样慢慢来吧！"

所谓"物极必反"，很多事情都是一体两面。我们要让孩子认识到：该快的时候要快，没必要快的时候也不必自讨没趣，要能自己判断该快还是该慢。

秘诀 22：能力越强，责任越大。

伟伦的强出头或者抢赢争先的行为，都是为了得到老师与同学的关注与赞赏，表示自己的能力相对于其他孩子是很好的。如果伟伦能把此观念用对地方，不但能让他慢慢地调整步伐，也能让他在付出的过程中获得成就感。

这一天，伟伦像往常一样很快地完成了老师指派的任务，第一个到走廊排队准备去操场参加运动会排练。但他不像过去那样抢着站在队伍最前面，这次他默默走到最后面，因为老师说完成任务最快最好的学生就可以担任小老师，排在队伍最后面照顾动作最慢的同学。因此，他在队伍最后面指挥辅导动作比较慢的孩子。老师终于看到了他懂事又负责任的一面。

如果家长与老师不给孩子灌输"快＝好＝赢＝优秀"的观念，或许孩子就不会把重点放在快上，而是放在实际的表现上了。

伟伦的学习能力很好，所以他往往在老师教导课业没多久，或者同学还在复习时，就觉得"无聊"而开始找同学聊天了。老师不止一次地反映过他非常爱讲话的状况。

老实说，爱讲话也不是什么坏事，只是他的喋喋不休常让同学们觉得他很啰唆而不喜欢与他相处，而且也干扰了课堂秩序。

状况 7 孩子老是爱讲话，好像停不下来，怎么办?

● 关键忠告：说话就像是一种发泄方式，但如果讲话太多的问题得不到妥善处理，就会造成困扰。重要的是如何训练孩子选择适当的说话情境。

秘诀 23：爱说，就让他说个够。

所有行为的背后都有一定的原因（像有些人不说话就不舒服），因此找出原因并妥善处理是很重要的。

伟伦说话的原因除了怕无聊外，还有希望在说的过程中吸引他人的眼光。因此，我们请老师在每周一、三、五的早自习时间让他负责宣导班规和老师交代的注意事项（比如收校外教学回执单、分发打疫苗通知等）。

老师在这一过程中教导他何时该说话，并且只说老师交代的重点部分。

秘诀 24：一个巴掌拍不响。

伟伦常忍不住乱讲话或抢答。如果同学对他的话语有所回应，就正中他下怀，让他有了一起"犯规"的同伴。

因此，在约束他时，老师也要跟班上其他同学说："不管上什么课，上课时都不应该随意说话，若是有同学和你讲课堂以外的话，尽量不要搭话。"少了互动的对象，伟伦只能乖乖听课。几周下来，伟伦在课堂上找人聊天的次数越来越少了。

秘诀 25：以身作则是一种美德。

还有另外一种方法可以解决伟伦爱讲话的问题——让伟伦担任纪律委员。

一般来说，纪律委员是负责管理班上常规的重要职位，而"上课讲话"亦是班上规定不允许发生的行为，所以他在规范别人的行为时也要自我约束，因为"知法犯法"会被同学群起挞伐。

果然，我们利用孩子"爱面子"的心理让他担任纪律委员，有效地遏止了他上课爱说话的行为，他也知道了什么时候该控制自己。

秘诀 26：都是你在说，换别人吧！

伟伦的学业表现很好，所以他在资源教室只参与社交技能相关课程。

我告诉特殊教育老师可以让他练习"聆听"。

过去他总是有说不完的话想跟同学分享，也不管同学想不想听就不断开启话题。在资源教室，老师除了让他在班上练习适当的用词和语调之外，也尝试让他只能听别人的分享，同时也感受一下一直听自己不感兴趣的话题带来的无趣感。

经过半年的治疗与辅导，伟伦越来越稳定，一些冲突和状况都明显得到改善。

最后，他妈妈又丢给我一个状况，那就是伟伦经常乱动别人的东西，而且屡教不改。

去卖场时，他的手忍不住东摸西摸，还曾经把别人的东西弄坏，也曾经把别人的东西带走，让他爸妈困扰不已。

状况 8　孩子总爱乱摸东西，还会把别人的东西带走，怎么办？

● 关键忠告：我们可以从两个方向处理这种状况，一种是感官导向，另一种是行为导向。在感官导向上，重点在于处理孩子在感觉动作期未被满足的探索欲，在行为导向上，首先要判断孩子是否明确"占有""侵占"的概念。

秘诀 27：在家里建立物权的概念。

很多孩子小时候会和父母住在同一个房间，他们有许多触碰其他人的物品的机会。若是家庭成员再多一些（祖父母、叔叔、伯伯、阿姨、姑姑等），他们可以触碰到更多不同人的物品，比如妈妈的化妆品、爸爸的电脑、祖父的平板电脑、伯伯的摆件等。

以探索的观念来说，让孩子碰触物品并没有错。但是，随着年龄增长及认知成熟，孩子就要建立"物有所属"的观念，也就是说没有经过别人的允许自己绝对不可以拿别人的物品，即使是最亲的家人，也需要问过才能拿。

家人务必重视这一教养内容（多数家人都觉得无所谓），并且延伸到生活用具的使用、食物的分享、衣物的借用等，帮助孩子建立不轻易碰别人东西的"物权"概念。

如果孩子在家中都没办法完全遵守不碰别人东西的原则，那么孩子在学校不经过同学允许"借"文具、乱碰老师的东西或教具，也就不让人感到意外了。

秘诀 28：尊重他人意愿。

询问别人不只是"打个招呼"而已，有可能对方会拒绝或不愿意接受，这时候就要教孩子学会尊重他人的意愿。

要跟孩子说："你愿意分享或借给别人物品，不代表别人也会以同样的态度对待你。我们必须试着接受，就算同学不借你物品，让你觉得难过，也不可以私底下违背他人意愿自行拿取。"

否则，等到孩子长大后，可能养成"借不到、买不到就偷偷拿"的观念与行为。

秘诀 29："手贱"就是要"剁手"？

如果孩子的问题是行为导向方面的，也就是明明知道不可以但就是做了，结果便是必须付出代价。

例如，警告过孩子不可以乱碰、乱拿他人的物品，但孩子依然我行我素，这时候除了向当事人道歉外，还要给予孩子一些小惩罚，如没收孩子喜爱的物品、罚做劳动、让孩子做讨厌的体能活动，甚至取消例行性的出游。

适度的惩罚能在一定程度上帮助孩子改正错误。不然只靠单纯的道歉，孩子不会察觉问题的严重性，会继续犯错，重点是让孩子学习到犯错要付出代价，承担责任。

我们就是在帮助孩子改正错误的过程中训练孩子自我控制的能力，避免其养成不良的习惯。

秘诀 30：减少"手贱"的机会。

另外的一个方法就是，既然已经知道孩子在外面会乱碰东西，就让他没有机会做出这样的行为。

我们可以在卖场请孩子帮忙拿东西、推推车、提篮子，让他挑选需要的物品，让他去碰可以碰的东西（试吃、操作样品），或让他拿着可以把玩的玩具。

孩子的自制力不像大人那么强，许多的行为或举动往往单纯出于"无聊""好玩"。我们就要给孩子找事情做，让他专注在我们交代给他的任务上，这样孩子东摸摸、西摸摸的状况应该可以得到改善。

我与孩子密切相处了八个月，通过治疗活动的介入以及父母的努力，再加上学校老师一同处理许多不断衍生的新状况，伟伦的混乱行为逐渐好转，不再乱动，也能乖乖地遵守班上的规范。

碍于四年级的课业压力越来越重，我们师生的缘分便终止了。

几年前我在其他学校停车场的自助缴费机上缴钱时，有个似曾相识的声音叫住我，原来是伟伦的妈妈在该校做"故事妈妈"。寒暄过后才知晓曾经那个蹦蹦跳跳的小男孩，如今已经在读研究生了。

那天我的心情特别好，不是因为他现在有多优秀，而是因为他的经历证明了孩子的未来在很大程度上取决于父母的用心。

我开车前往另一所学校，进校前，我不由得对着镜子里的自己点点头，充满自信地走向教室。

悠哉宝贝

他的脸蛋白白嫩嫩，身形看起来有点胖，但他的胖只体现在肚子上，他笑起来还有眯眯眼，很讨人喜欢。他从我进教室就很有兴致地问我："叔叔你是谁啊？你是×××的爸爸吗？你来做什么呢？"

我按惯例回答道："我也是老师喔！来看看班上同学是不是都听老师的话！"听到我这样说，他赶紧起身去收拾学习区的玩具，准备排队领早餐。

"今天要看哪位孩子？"我问发早餐的老师，老师用鼻子指向刚刚跟我"交手"的洋洋，原来他就是今天的主角。

中班上学期末，他的父母提出支持申请，寒假期间，他的妈妈带他做了专业评估。

我陪着他们上课一小时，看着他的评估报告，上面几乎所有的项目评分都是比中间值差一点。他个性温和，不会给课堂造成太多干扰，他的"慢半拍"应该是老师比较困扰的问题。

趁着孩子们到室外晒太阳的时间，老师跟我聊了几句。果然，他的动作确实缓慢，不管是收玩具、喝水，还是穿鞋外出、洗手如厕，总是需要老师三催四请。

隔了一个月，我又来到这所学校，发现这样的状况还是很严重。他的处理速度与工作效率实在是慢，他常常出现发呆恍神或忘记指令的状况，他有明显的注意力不集中问题。

状况9　孩子的注意力不集中，发呆恍神，怎么办？

● 关键忠告：判断孩子是否注意力不集中，可以观察他发
呆恍神的频率是否很高，或是否常常容易因周遭的刺激而
分神。若是通过给予提醒问题就能得到改善，那么孩子最
多是个性很拖拉。如果这种状况直接或间接影响到了生活
或学习，建议还是要有特殊教育及医疗的介入。

秘诀31：勤能补拙，求品质而不求效率。

孩子若是做事速度慢、动作也慢，往往会被老师和家长催
促或责骂，进而失去成就感或感到难过，然后想要加快速度却
做不好，造成"快也不是，慢也不是"的状况。

在鱼与熊掌不能兼得的情况下，我们更需要帮助孩子提升
动作能力与生活能力。不求效率，而求品质，即所谓的"慢工
出细活"。

在家里，孩子没有时间和课程上的压力，因此家长可以适
当提高让孩子练习基本日常活动的频率，不管是收拾玩具，还
是清洁餐具、穿脱衣物等，只要孩子反复练习，提升表现的
"质量"，就算慢一点也没关系。

再者，就是熟练度的提升。如果孩子能在提醒下不再发
呆，有效率地完成任务，那么孩子给别人的整体感觉就不会是

"又慢又差"，孩子也不会在老师的重复提醒下感到非常挫败。

秘诀 32：指令短而简洁，用提示代替命令。

注意力不集中的孩子通常在接收信息及处理信息的速度上都比一般孩子差。如果你的指令复杂难懂，会造成孩子往往只能记住一部分指令，或者在执行过程中跳过一些步骤。建议指令简洁有力，例如：将"喝完水后，请收拾后再去洗手、上厕所，然后排队准备领午餐"改成"喝水—洗手—上厕所—领午餐"。

若孩子只能记得一到两个步骤，可以口头提示他观察别人的动作，或者告诉他接下来要做什么，以增加孩子思考、观察、回想的能力。

渐渐地，训练孩子不要只依赖提醒或指令做事，而要用眼睛观察及搜索环境信息，然后行动。最后，要让孩子知道自己能力的不足，并思考是否能使用替代策略适应环境。

秘诀 33：善用孩子的喜好激励孩子。

许多孩子只在做自己不感兴趣的活动时才会发呆或者拖拉，他们在做自己喜欢的事情或者吃爱吃的食物时，往往会"动力全开"，速度跟执行的专注度都会比做其他没兴趣的事情时好很多。

建议可以把孩子喜欢且有动机做的选项放在后面，这样孩子能够赶快做完不喜欢做的事（吃完不爱吃的食物），再做喜欢的活动（吃爱吃的食物）。有了"喜欢"的吸引，孩子就可以完成不喜欢的任务，这是一种激励。

你也可以跟孩子约定，在一定时间内有好的表现或持续多长时间从事要求的任务，就可以获得喜欢的事物，激发孩子增强专注和高效做事的动机。

秘诀 34：强调时间观念，加强结构管理。

其实我们对做一件事的喜好程度会影响我们在专注力上的表现，这时候时间管理观念的建立就相对重要了。

何谓时间管理？就是养成所谓的"按表操课"的习惯。做任何的事情都有所谓的时间表，做喜欢的事情时不能持续太久，做不喜欢的事情时必须要加快步调。让孩子学习按照时间表的规定，调整完成事情的步调，而非根据喜好决定做事情的快慢。

时间管理的训练也可以让孩子养成对拖拉造成的不便负责任的习惯，例如：要在规定时间内吃完饭或者完成功课，如果没有在规定时间内完成就无法吃甜点或看电视。

若是要改善注意力不集中的孩子的拖拉与发呆行为，就要让孩子的生活作息规律。什么时候吃饭、洗澡、刷牙、上床、做功课都有很明确的时间规定，时间久了，孩子就不会依据自己的喜好决定做事的快慢而是遵守常规。学校的时间安排"结构性"往往较强，几点上课、几点下课、几点排队以及几点必须到校等都有明确的规定。这就是为何孩子的类似状况往往在学校比在家出现得少。

　　与老师建立了一些默契后，我们总算通过时间表让洋洋有加快动作的意愿。

　　不过，后来我发现他在家的状况更夸张，常常吃饭就要用一两个小时，洗澡需要父母催十次才去洗。我觉得势必要把避免拖拉的策略教给父母，大家共同执行才会更有效。

　　我在期末之前和老师约了时间让洋洋的家长到校参与咨询，当天洋洋的父母一起来了。爸爸戴着一副黑框眼镜，一看就是踏实认真的上班族；妈妈素雅朴实，一看就是个非常爱小孩的好妈妈。

　　我请老师多给我一些时间，让我们可以聊聊孩子的各种状况。或许是我做这一行的时间久了，咨询的过程中，我不会特别强调孩子的"主问题"，因为许多状况都是环环相扣的。

　　除了提及拖拉、发呆恍神问题的处理方式之外，通过和洋洋父母的沟通，我又发现了他有严重的"丢三落四"的状况，他常常忘记把老师要求的回执单、记录表带回家，他在家中常常找不到玩具、彩笔、袜子，这样的状况也对他的生活造成了一些影响。

状况 10　孩子常常丢三落四，怎么办?

● 关键忠告：粗心大意是一个人的特质，不会随着年龄增
　长而改善。粗心大意的发生频率可能会因经验的增加而下
　降，但其造成的损失可能随着年龄增长越来越大（小时候
　弄丢文具，长大后弄丢钥匙、皮包）。倘若一个人从小养
　成好的习惯并习得生活技巧，即便他的个性大大咧咧，也
　不会对生活与学习造成太多负面影响。

秘诀 35：视觉提示，加强自我提醒。

现在的孩子接触 3C 产品较多，习惯用眼睛获取信息，而
非用耳朵听取信息。对于这样的孩子，我们可以通过视觉提示
帮助他，例如，可以让孩子在家校联络簿上画上代表彩笔、回
执单、水壶等物品的图画，让孩子在检查准备的物品时能通过
这些图画记起需要带的物品。或者我们可以为孩子准备一个由
照片或者图片构成的检核表，帮助孩子每天检核自己的物品。

另外，每天出门前或睡觉前让孩子自己准备铅笔盒、水
壶、午餐袋、口罩、体温表等，让孩子在准备的过程中养成检
查用品的习惯。大一点的孩子可以自己检查交通卡、零钱包、
钥匙等，这样孩子长大后便会养成出门前检查车钥匙、家钥
匙、钱包、手机等物品的习惯。

也有许多家庭会在家中放一本月历，并让孩子将重要的日子及活动标注在上面，例如，运动会、校庆、校外活动、考试、长假、补课日等。

连大人都会通过行事历、月历或手机记事本提醒自己，孩子更需要从小建立良好的习惯，用视觉提示的方式便可以很好地帮助孩子养成检核物品的习惯。

秘诀 36：提高收拾整理能力，避免丢三落四。

注意力不集中的孩子还会有丢三落四的状况，建议使用视觉提示的方式并结合教授收拾及分类的技巧，帮助孩子避免丢三落四的情况。

以收拾玩具为例，可以将不同的玩具收在不同的箱子里，并在箱子外贴上相对应的贴纸，以贴纸这种视觉提示帮助孩子收拾玩具并将其分类。

帮孩子叠完衣服后，也可以让他将不同衣物归位，例如，第一层放外套，第二层放裤子，第三层放内衣裤，第四层放袜子等。

收拾书籍的时候也可以教导类似技巧，让孩子思考是按照书的从大到小排列还是按照类别分类排列。

通常注意力不集中的孩子在逻辑与思绪上会较一般孩子混乱，若父母可以系统性地教导他收拾技巧，他就不会常常找不到东西、乱丢物品，他长大后会将这些技巧内化并整理成他自己的收纳模式，还会慢慢理解空间收纳的概念。

秘诀 37：养成清点的好习惯。

孩子弄丢东西或找不到东西的另外一个关键原因就是不熟悉自己的物品。我们可以在孩子还小的时候就帮他准备铅笔盒，让他养成清点盒内物品的习惯，例如，里面有三支铅笔、一个橡皮擦、一支彩笔、一把尺等。每天无论在家还是在学校，让他习惯清点这些物品。如果孩子记不住物品的数量，我们可以将数量写在铅笔盒的盖子上，或将物品的照片打印并塑封，让孩子对照清点。

在整理玩具或书籍的时候，我们也可以制作"财产清单"，拿小本子将孩子拥有的玩具或书籍及其数量写下来，让孩子随时了解自己拥有的物品的品类与数量。甚至孩子想要买新玩具、文具、书籍的时候，家长也可以利用此"财产清单"告诉孩子，目前他很"富有"，不需要再购买新的了。

秘诀 38：学习珍惜物品。

除了不熟悉自己拥有的物品外，许多孩子没有建立必须爱惜物品的观念。最常见的现象就是孩子在学校弄丢了文具，回家告诉家长，家长直接帮他买了新的，如此一来孩子就会养成"弄丢物品就找爸妈，他们会给我买新的"的观念。

我相信家庭物资匮乏的孩子一定把每支铅笔都用到最短，非常珍惜自己的每个玩具。家长给的太多可能反倒让孩子不觉得弄丢东西是很严重的事。

建议可以在孩子弄丢自己的物品后，让他承担一些"后果"，例如，孩子的铅笔不见了，先不给他买新的，让他三五天内必须跟同学或老师借，经历"丢面子"及非常不方便的过程，这样，等到再给他买新的铅笔时，他才会更小心谨慎，还会认识到不谨慎管理自己的物品就会造成麻烦。

家长们千万要记得，人都是一样的，越容易得到就越不懂得珍惜。倘若孩子费尽千辛万苦才能得到物品，如果不小心弄丢了是要承担"心痛"的代价的，那他就会更加小心保管并珍惜他的物品。

洋洋是个乖巧的孩子，所以当他因弄丢物品而向父母哭闹、撒娇时，父母会有点招架不住！

然而，父母坚持原则是处理孩子小状况的关键。在支持过程中，老师们不断给予鼓励与肯定，孩子妈妈也会积极参与每学期的支持服务，并针对执行过程中碰到的问题加以反省检讨。一年后，孩子的确有了明显的进步，不过我还是发现孩子有发呆恍神的状况，这与孩子的警觉程度不足有明显的关联。

所谓警觉程度（arousal level），就是当我们接收到外界刺激与指令后做出适当反应的速度及效率，像是当老师点名的时候，警觉程度高的学生一听到自己的名字就会快速举手响应，而洋洋举手响应的速度明显比其他孩子慢很多。

经过观察，我发现当洋洋接收听觉、视觉、触觉等感官刺激时，也常会呈现出缺乏反应或反应延迟的状态。

状况11 孩子的警觉程度差，怎么办？

● 关键忠告：警觉程度用白话来说就是"清醒程度"，这是每个人在神经发展上先天不一样的表现。我们常说有些人的笑点很低，其实这就是警觉程度高的一种体现，这些人接收到一些小刺激就会产生明显的感受。警觉程度低的问题，其实是能改善的。

秘诀39：观察生理状况，调整作息。

每个人都会因为睡眠、心情、动机、喜好而改变自我的警觉程度，我们无法时时刻刻都保持积极投入的态度，因此会有条件地表现出不同的状态。

孩子心情良好、生理状况尚佳的时候警觉程度就容易提高。我们要善于观察孩子的生理状况和心情，了解孩子警觉程度，例如，昨天出去玩得很开心、今天有欢庆会活动、受到老师的鼓励与赞赏、上完喜欢的美术课等情况下，孩子可能比较"清醒"。

我们要在孩子"清醒"的时候组织一些需要高度专注或者长时间持续的活动，这样能让孩子更容易获得成功和自我肯定。

待到孩子能了解自己的生理状况时，我们可以向他解释若是感觉很累或想睡觉，就起来走一走、喝口水、上个厕所，先转移一下注意力，然后想想做完功课后便可以玩玩具、看电视、吃甜点等开心的事情，再专心有效率地把该做的任务完成。

老师或家长也可以用强化的方式激发孩子的动机并提升孩子执行任务的效率，通过改善孩子的心情、激发孩子的动机的方式促进孩子提升自我警觉程度，即提升完成任务的效率。

秘诀 40：动一动，脑子清醒不少。

警觉程度差的孩子给别人的感觉就是"昏昏欲睡的"，治疗师在治疗室常用的方法就是给予能让孩子兴奋的刺激再让孩子从事需要高度专注的活动，例如，让孩子借用滑板车溜下滑梯后将球丢入篮子。

所谓高兴奋度的活动大多与力量和速度有关，这与感觉统合中常常涉及的"本体觉"与"前庭觉"相关。医学上的研究显示，运动能增加脑部的血液流量，从而产生更多氧气，加速身体新陈代谢。而淋巴和血液循环变好，又能刺激垂体分泌让心情变好的激素——"内啡肽"，振奋精神。

因此，孩子若在参与需要高度专注的活动时，动作缓慢、精神不济、效率不佳，我们可以先让孩子暂停活动，做一些能提高兴奋度的活动，转移一下注意力，比如，折返跑、半蹲、手持水壶摆动、蹲起、左右转动腰等，持续三到五分钟。由于上述活动对速度或力量有一定的要求，能够有效提高孩子的警觉程度，让孩子振奋精神。之后孩子再从事需要专注的活动会更有效率。

以前，我们想睡觉的时候老师会让我们站起来或去洗把脸，这样只能转移我们的注意力，并不能有效地提神。我们需要再做一些刺激性的运动，才会真正有效地赶走睡意。

了解洋洋的身体状况后，老师在课堂上增加了与运动相关的活动，的确有效改善了他的发呆恍神状况。爸妈在家里也使用了这一方法，洋洋在家也能有效率地完成功课了。我们在治疗室也利用动静交替的方式，让洋洋在该专注的事情上将注意力维持得更久。

虽然洋洋不是所谓的多动孩子，不会有冲动或坐不住的状况，但老师和家长也反应不管是在上团体讨论课还是在自主学习时，洋洋还是有不断变换姿势的习惯，就像是身上有虫子。坐在地面上时，他一会儿盘坐，一会儿手撑后面，一会儿又靠墙，坐在座位上时，他也一会儿趴着、一会儿瘫靠在椅背上、一会儿手撑着头。老师与家长都觉得这样动来动去，如何能专注，这不是多动，什么是多动？

我入班后观察他的状况，发现这不是典型的多动，而是和警觉程度有关的生理问题——肌张力低下。

状况 12 孩子总是动来动去、频频变换姿势，怎么办?

● 关键忠告：肌张力（muscle tone）是指肌肉在静息状态下的紧张度，它能够影响维持身体固定姿势的肌肉力量。肌张力低下的原因通常与遗传有关，个体如果有肌张力低下问题，会容易感到疲累或无力，维持一个姿势久了会不舒服，从而会频频变换姿势。这些人的骨骼关节特别松软，身体上呈现出软趴趴、弓背、W 型坐姿、站姿膝盖后顶、走路拖拉、股骨内外转（脚内八或外八）的状态。整个躯干就像是个"软骨头"，能靠就靠，能倒就倒。

秘诀 41：提高肌耐力以弥补肌张力低下的状况。

肌张力就像是身体的能量源。想象一下，如果一个人的能量用尽了，当然感到疲累或无力，本能地就会寻找可以椅靠的东西或省力的姿势让自己舒服些。改善肌张力低下的最好方法就是增加肌肉力量，因此通过运动提升孩子的肌耐力，能有效弥补肌张力低下的状况。

那么，是不是所有运动都可以用来弥补肌张力低下的状况呢? 是的，基本上所有运动都可以。

不过，肌张力低下与肌耐力息息相关，所以我们最好选择速度比较慢，能持续进行、增加耐力的运动，而非一般的跑跑跳跳。像是慢跑、竞走、登山、骑单车、游泳等就很好。

许多家长问："孩子能在公园玩一到两小时，怎么会有肌张力低下的问题？"单从孩子在喜欢从事的活动中的表现是看不出肌张力低下问题的（动机影响一切），通常我们要观察孩子的整体表现，像有些孩子整体上并不胖，只是肚子特别大，这也可能是肌张力低下的特征之一。若是无法准确判断孩子是否有肌张力低下的状况，建议可以寻求专业治疗师的帮助。

秘诀 42：肌张力低下与警觉程度差息息相关。

肌张力低下会让人感觉像是泄了气的皮球，身体疲累、精神不济。这时候精神状况不佳，警觉程度相对也会变差（生理状况影响精神状况），所以专注力无法维持很久。

因此，运用提高警觉程度的方法，也能有效改善肌张力低下造成的难以专注的问题（参考秘诀 39、秘诀 40）。

很多孩子的状况和洋洋很像，许多家长认为孩子长大就好了。其实就我的经验，孩子随着年龄增长，生理状况与精神状况当然会趋于成熟，但孩子的许多特质并不会随着长大而改变。重点是家长要能了解孩子的状况，一路陪伴孩子运用生活策略面对挑战。

在治疗室里，洋洋在家里及学校时的状况几乎没出现过，因为不管是感觉统合活动或需要专注力的游戏都是他喜欢的，因此发呆、恍神、不专注、频频换姿势的问题真的出现得少之又少，所以洋洋需要的并不是医学治疗，而是在家庭及学校中可用的小策略。

洋洋上了小学二年级后，我便请家长把诊所的治疗课换成替代性的才艺课。他妈妈每天都带他去骑二十分钟的单车，在课余时间带他学游泳，还会利用上社团课的机会让他踢足球。

洋洋并没有接受学校的额外支持服务，他在课业上没有很特别的表现，在班上也不是让老师觉得麻烦的学生。

我仍会去学校给其他孩子提供支持服务。洋洋碰到我时都会向我问好。过去那个稚嫩、顽皮的孩子逐渐成熟懂事，让我在他身上看到了自信。我相信他会越来越好。

孤独公主

妈妈总是把欣雅打扮成童话公主的样子，不是给她穿连身洋装就是公主纱裙。她就像活在自己的世界，常常望向远方，自己与自己对话、开心地哼歌。

欣雅学前时期在私立幼儿园就读，我那时并没有接触过她。直到上小学后欣雅才获得了学校提供的支持服务。我为这所学校提供服务已经超过十五年了，学校的主任、组长、老师都和我非常有默契，他们也都积极倡导家长参与孩子的支持服务工作。

那年的开学日，天气特别热，欣雅像往常一样穿着她喜爱的公主裙在咨询室等我。我习惯先与孩子单独互动十到十五分钟，然后让孩子回到班级上课，接着再和家长沟通。我请她把自己的名字、班级和座位号写给我看。"杨欣雅，一年七班，十二号"，她机械式地边回答边"画"出正确的字。在简单的日常互动方面，她基本上没有问题，只是如果我不问，她也不会多答，就是应付了事。我夸奖她今天的穿着很梦幻，她竟然跟我聊起《冰雪奇缘》，聊到父母进来时都不停歇。时间到了，我请老师带她回班上，接下来是家长咨询时间。

今天主导话题的是爸爸。爸爸非常疼爱与包容欣雅，但也被她"吃得死死的"。光是《冰雪奇缘》这一喜好就占满了欣雅的生活，老实说父母都很困扰，但不知道该怎么改变。衣服、鞋子、水壶、铅笔盒、铅笔等所有身边的物品，如果不是她的公主系列，她就开始闹……

状况 13　孩子的兴趣固着，怎么办?

● 关键忠告：每个人都有自己的兴趣，我们要尊重孩子的
兴趣，但他的兴趣如果太固着，进而影响到生活与学习，
我们就应该对孩子进行训练，让其不再过度痴迷。

秘诀 43：利用脱敏法让孩子学会变通。

有些孩子对于食物、玩具、穿着、兴趣有固定的偏好并对
此疯狂热衷，他们不喜欢改变或接触不熟悉的事物。若是一开
始家长就用太激烈的方式不准孩子接触偏好物，有的孩子会用
非常激烈的手段表达抗议及不满（失控、崩溃、尖叫、伤人、
自伤）。

就欣雅而言，我建议开始时可以找类似的角色或卡通中的
配角让她做"退而求其次"的选择，例如，本来欣雅每次都只
选择艾莎公主，家长就可以鼓励她偶尔选择安娜公主、雪宝、
汉斯，如果欣雅接受了，就试着让她接触长发公主、茉莉公主、
灰姑娘、白雪公主、睡美人等"其他公主"，让欣雅的喜好范
围慢慢扩大。如果孩子又接受了，这时候再开始让孩子接触非
公主类的角色，如苏菲亚、朵拉、彩虹小马、角落生物等。

家长可以运用同样的方式改变孩子在玩具、衣物颜色、学
习科目，甚至是食物方面的固着兴趣。

秘诀 44：利用洪水法让孩子没得选择。

如果我们能不强迫孩子，通过引导慢慢改变孩子当然是最好的。但是有些孩子非常固执，非 ×× 不要，这时候只能用不得已的方式和孩子硬碰硬（通常这招比较适合学龄前的孩子），例如，带有艾莎图案的鞋子被送去洗了还没取回，今天只有带有安娜图案的鞋子可以穿，如果孩子不穿就只好光脚去学校。等到孩子被迫接受了带有安娜图案的鞋子，改天再换成带有雪宝图案的鞋子。

如此操作四到五次，孩子可能口头上还是不愿意，但行为上已经能默默接受改变了。接下来，我们就要让孩子的喜好不那么固定，当孩子沉迷新的事物时就帮助其转换喜好，如此一来孩子会变得更好相处。

秘诀 45：对于固执的孩子，唯有比他更坚持。

喜好其实不是坏事，怕的是孩子对喜好的固着性会让他只做有兴趣或在行的事。

这种固着的喜好在孩子小的时候可能对其影响不大，但当孩子长大后，固着的喜好就会体现在学习的科目上，对孩子的学习与发展造成负面影响，例如，孩子的数学逻辑强，他便沉迷算数，而文字理解能力相对弱，就放弃学习语文。因此帮助孩子形成"无论喜好与否，都尝试接受"的心态是我们的最终目的。

一些孩子非常固执，不经过几番折腾或崩溃很难改掉恶习。如果想让孩子建立良好的观念并形成积极的心态，父母要非常努力，要比他们更坚持。

秘诀 46：如果孩子有特殊癖好，我们可以在孩子尝试改变后，适当给予其特殊癖好作为强化。

孩子毕竟是孩子，很多时候都很好"哄骗"。许多孩子会有特殊癖好，例如，喜欢撕纸、摸直直滑滑的长发、收集名片或广告单等。当孩子跨出改变的第一步时，我们可以把孩子的特殊癖好当作强化物给予孩子，例如，有个孩子不愿意穿红色以外的衣服，当他愿意穿橘色或粉红色的衣服时，他妈妈就把废纸给他让他撕。只要这些特殊癖好没有卫生和安全方面的风险，在适当的情况下让孩子去做其实也无伤大雅。

我们在帮助孩子建立良好行为的过程中，要认清轻重缓急。比起特殊癖好，打破固着性真的难得多。

两个月后，到了和欣雅第二次见面的日子。欣雅穿的是带有彩虹小马图案的衣服，她开心地向我介绍身上的小马的名称。我很高兴父母听从了我的建议，让孩子发展不同的喜好。

这次只有她妈妈来参加咨询，但她妈妈一和我见面就拿出小笔记本（里面列满了爸爸妈妈提前讨论好的问题），很兴奋地与我讨论孩子的状况。班主任将欣雅送回班上后，也开心地分享开学至今欣雅的进步与改变。

老师提到孩子在班上适应状况不错，只是上小学后难免有许多学习方面的压力，虽然欣雅在班上的大部分时间都乖乖的，但上课时常会碎碎念或者哼歌，课间时还对着窗外喃喃自语。

其实孩子在家里也会有这些行为，只是父母习惯了她的这些行为，便不觉得有什么特别的。不过在学校的团体生活中，老师担心孩子除了影响自己的学习，也会干扰到其他同学上课，另外也担心欣雅长时间活在自己的世界里，无法与同学互动交流。

我提出了一些建议让老师在学校执行，看看是否能改善孩子的状况。

状况 14　孩子总是自言自语，活在自己的世界里，怎么办？

● 关键忠告：不管是自言自语、角色扮演或活在自己的世界，都是孩子正常发展的表现。重点是如何使孩子的这些行为既不影响其现实生活，又能发展其创造能力，这是需要一点技巧的。

秘诀 47：与其完全禁止，不如达成平衡。

许多孩子都会因为各种因素在该安静的时间发出声音或自言自语，或许是因为他沉浸在自己的世界，或许是因为他的脑子里突然出现什么灵感或画面。有时候这样的行为是不由自主且难以克制的。

强行制止孩子，只会限制孩子的创造力或给孩子造成更大的压力，我建议老师在课堂上可以跟其他同学解释孩子为什么会发出声音，并且适时给予孩子提醒，让孩子将说话音量尽可能减小到不影响他人。这样不仅能满足孩子对拥有自己的小世界的需求，也能让孩子试着习惯在不同的情境有不同的表现，重点是其他同学也能慢慢适应。

在课堂上老师可以适时地将孩子的注意力拉回学习上，这样也会减少孩子分心的状况。在家里亦是如此，全家一起吃饭、看电视、玩乐时，父母也要提醒孩子控制其音量，让孩子不管是在家还是在学校都养成自我控制的习惯。

秘诀 48：利用课余时间投其所好。

拥有自己的小世界的孩子总是喜欢沉浸在自己感兴趣的事物上。我们可以试着引导孩子说出自己的喜好（卡通、玩具、事件等），利用课余时间让孩子主动或被动分享自己的喜好，这样除了让孩子的小世界有个出口外，也能增加孩子与同学互动的机会。

孩子或许对常规课程的学习缺乏兴趣和成就感，因此老师要寻找孩子在常规课程学习之外的兴趣。

老师可以试着通过孩子的同学了解他的喜好，也可以让同学邀请孩子参与他们的世界，例如，如果孩子对昆虫、植物非常痴迷且精通相关知识，老师可以利用生活课或课余时间让孩子与同学分享他喜欢的昆虫或植物，甚至作为小老师指导其他同学，增加彼此的共同话题。

秘诀 49：让孩子知道现实与虚幻的区别。

有些孩子在自己的小世界中是主导者、英雄、公主，他们想象的世界无边无垠，他们甚至无法区分现实与虚幻，例如，觉得世界上有恐龙、神奇宝贝、钢铁侠。

这一现象在孩子的发展过程中其实是正常的。那么，对于这种孩子，我们需要让他们分辨现实与虚幻吗？需要让他们知道卡通、电影、故事中的某些情境是虚构或假想的吗？

换个角度想，当我们听到或看到一个消息或新闻时，会立即知道其真假吗？即便是大人都需要通过搜集、佐证才能判断许多事件的真伪，更何况心智发展尚未成熟的孩子。

与其马上打破孩子的虚幻世界，不如针对有意义的议题展开讨论，让沉浸在幻想世界的孩子也能学到正确的知识，例如，从讨论恐龙灭绝引申到生态与环境保护；从神奇宝贝引申到爱护动物；从钢铁侠的故事引申到如何面对失败等。

想要把孩子拉回现实，不见得要用否定虚幻的方式，还可以结合孩子的想象教导孩子现实生活的道理，例如，你想要像公主一样漂亮，那就要早点学习自己吹头发、绑头发。等到孩子的认知发展到一定的程度他便可以慢慢区分现实与虚幻。

秘诀 50：适度引导，避免孩子过度认真、陷得太深。

孩子如果过于沉浸在虚幻世界，除了会无心于现实生活中应该做的事情，还会严重影响到学业表现与人际关系。试着利用转移话题的方式，避免孩子钻牛角尖，只专注在自己的世界中，否则孩子就会永远不想长大，用"虚幻"逃避"现实"，如"我知道你很喜欢艾莎公主，但是你要先完成作业，然后我们再一起看看接下来发生了什么"或者"神奇宝贝固然有趣，但是你忘记吃完饭应该要先做什么了吗？"

我们也可以把孩子沉迷的虚幻世界当作强化物，激励孩子完成现实中不感兴趣、没有动机的活动。适当的想象力可以帮助孩子创造、学习，胡思乱想与创造之间的边界在于想象内容是否能服务于最终目的。父母不能让孩子的想象力一直停滞在胡思乱想的阶段，要引导孩子提出问题、假设场景、亲身实践等，让孩子充分发挥想象力的同时，形成解决问题的思维。

许多孩子尚未有分辨想象与现实的能力。如何在不影响现实生活的前提下保有孩子的想象空间？在这个问题上，大人的引导非常重要。

　　许多父母都渴望孩子能够与同学多交流，欣雅的父母也不例外。

当欣雅适应学校生活后，她的父母最常向老师了解的不是欣雅的学习情况或成绩，而是她在班上有没有好朋友？会不会和同学聊天？课间有没有同学和她一起玩？可想而知，肯定的回答少之又少。

我提出了一些方法与策略帮助欣雅建立人际关系。我也请父母思考：到底是父母希望欣雅交朋友？还是欣雅渴望友情？

状况15　孩子不喜欢与人打招呼，不愿意与人互动，怎么办？

● 关键忠告：为了孩子的进步，我们可以刻意创造一些情境让孩子练习与人互动，若是孩子拥有互动的能力，但还是拒绝互动，我们就要尊重她的特质，社交互动训练的成效会比我们预期的还要更晚到来。家人需要思考是否要采取主动干预。

秘诀51：迈出主动与人互动的第一步。

许多孩子不喜欢眼神接触，也鲜少主动与人互动，这时候可以选择尊重孩子的意愿，也可以要求孩子与人打招呼，即使孩子只能机械化地打招呼。我们先不用考虑这种打招呼的方式是否有教养，重要的是让孩子先学习应该有的社会性行为。

我请老师要求欣雅每天到校跟老师说早安，中午说午安，放学说再见。这一阶段，我们可以先不要求她有眼神的对视，重点是先建立口语的习惯，一个月下来要能以机械化的方式跟老师打招呼。

接下来要求她除了和老师打招呼外，还要和一位最熟悉的同学打招呼，在家里也要求她做一样的练习，之后再将打招呼的对象延伸到早餐店老板、便利店的大姐姐、常见的邻居、公园里常见的姐姐。

渐渐地，打招呼成为她的日常，她不觉得别扭也不觉得有什么特别，这时候再提醒她要看向别人。

秘诀 52：成为众人的小帮手。

当学校的老师与她建立了良好的关系后，就该好好利用老师的"神力"了。

除了打招呼的练习外，老师还可以安排她当收发联络簿的小老师，每天早自习时要按照号码收同学的联络簿，放学前也要发放联络簿。

虽然欣雅只会用机械化的口令："×××同学，请交联络簿，谢谢！"但欣雅与同学互动的机会增加了，同学也会谢谢她。

几周下来，老师觉得她进步飞快。于是，我们决定让欣雅负责给各个办公室送档案资料，这时她的"台词"则变成："报告，一年级七班杨欣雅来送资料了，谢谢！"

慢慢地，各办公室的老师都认识她了，时而给她不同的回馈与鼓励，时而和她多互动几句。

欣雅比起开学时已越来越能应付各种互动情境了，可以说这次的训练真是大获成功。

秘诀 53：让其他同学当个好的监督者。

欣雅的认知能力不错，因此她在学科学习上没有落后太多。她入学的时候，接受的支持服务只有一周两次的生活训练和社交技巧训练。

刚开始参加训练时，她需要"小天使"的引领，刚上学时，她也因为经常活在自己的世界里，而不参与课堂。老师要求大家翻页、拿文具、拿课本时，她也需要"小天使"的帮忙。或许是因为她个性温和，同学们都很照顾她，时时刻刻都有同学牵着她的手，连上厕所都有人陪伴她。

两个月过去，她熟悉了各种文具和课本的类别、学校厕所和教室的位置，因此我请老师对班上同学说，如果大家爱欣雅，就不要处处帮她，可以适当地提醒她或监督她，不要让接受帮助成为她的习惯，这样她的独立性和能力才会提高。

秘诀 54：让兴趣与玩乐成为友谊的桥梁。

所谓物以类聚，孩子跟孩子之间亦是如此。在孩子的认知发展成熟以前，同伴之间的互动多是通过共同参与的活动、游戏及相同的兴趣展开的。因此想要让欣雅多跟同学交流，不一定要让她有超群的口才与自然的眼神接触，让她具备与年龄相匹配的"玩的能力"，不把精力只放在感兴趣的事物上更加重要。

因此我建议老师教她玩桌游，建议她的父母教她打球、玩扑克牌、下象棋。当雨天不能外出活动时，她的同学会围在一起玩纸牌、叠叠乐、下棋，虽然欣雅不擅长用语言跟同学互动，但是她的棋艺常常让同学啧啧称奇，同学间的相处好不欢乐。

我也建议欣雅的父母带她去看时下最流行的宝可梦、柯南、哆啦a梦等动画片。即使她看不懂，也可以知道里面角色的名字，当同学在谈论卡通人物时，她就能参与，这让欣雅的人际关系改善了不少。孩子跟大人一样，不需要有同等的学历、同样的认知能力，只要有共同的兴趣与话题，大家便可以成为朋友。

学期快结束时，我最后一次进校，这次的服务对象是和欣雅同班的另外一位孩子，他的父母因为工作忙碌从来没有参与过咨询，老师向我介绍完他的情况后，我们便又聊起了欣雅，老师和我分享了她的进步与改变。

不过，老师在转述她爸爸的担忧中提到，"为何对于同样的状况在学校可以训练得很好，在家或课外班就达不到同样的效果？"

欣雅在家依然我行我素，在课外班也因为上课次数少、班内学生少，频繁发出怪声、躲在自己的小世界、不理人，极少与他人互动。这让她爸爸感到很挫败，也让她妈妈整天寻求老师的协助。

状况16　孩子在不同环境中有不同表现，怎么办？

● 关键忠告：人本来就是多面的，在不同的环境与不同的人相处时，自然展现出不同的自我，甚至使用不同的语言。孩子亦是如此。若环境对孩子的要求不同，孩子的表现当然也不同。

秘诀55：相同的要求，一致的标准。

要让这类孩子建立良好的行为模式，最好的方法就是在不同的环境中执行相同的指令、标准。

不会变通的孩子刚开始无法区分情境，不知道什么时候该说什么话，什么事情该做到什么程度，与其对他抱有很高的期望，不如先让他做他能够做到的。

比如前面讲到的例子中，先要求孩子能机械化地打招呼，建立行为习惯后，再要求孩子有眼神注视，也就是"先求会，再求品质"。既然老师在班级内用的方式、标准对孩子来说成效很好，那么在家里、课外班我们都可以用相同的方式和标准，帮助孩子建立"只要看到人就要打招呼"的观念。这样打招呼的行为就会被完整地建立。等到孩子长大一些,她的认知发展水平提高了,区辨能力也日趋成熟,这时,她就会自己判断需不需要打招呼。

秘诀 56:不会举一反三,那就以经验取胜。

许多孩子在学习新技能或者新的行为模式后,会在碰到类似的状况时,套用过去的经验。但是像欣雅这样的孩子泛化能力很弱,不会把在班级里习得的成功经验套用在家庭、课外班等环境中。即便家长和老师用秘诀 55 中提到的方式让孩子在家里和课外班也能沿用成功经验,但如果孩子换了新的班级或环境,就又会打回原形。

最好的方式就是在不同情境中不断地演练,不断丰富操作环境,通过日积月累,孩子便能习得此技巧。

我的服务习惯是,在新生刚进校时投入最多的心思与家长和老师沟通,以此帮助孩子更快适应学校生活,一旦家长、学校配合,将我提供的策略与建议成功实施,孩子的状况基本就可以得到改善。我们会持续追踪至孩子上二年级。若孩子的新问题也都被一一解决,接下来的关键就是观察孩子在三年级换班后的适应情况。

由于欣雅的新旧老师做了交接,对欣雅的教育调整被很好地延续下来,三年级上学期开学至期末,她都适应得很好。我便在期末会议上同老师、组长、主任商量撤出她的作业治疗服务，将资源留给其他需要帮助的孩子。这对我来说是最开心的，这意味着我的工作有了成效。后来，我又去该校服务其他孩子，但我不曾在学校碰到她，也慢慢将她淡忘，毕竟我每年在诊所和学校，要服务数百个孩子。

几年后，我和欣雅低年级时的老师聊天，她告诉我欣雅已经升初中了，她还遇到过欣雅和妈妈一起买便当。欣雅的身材壮硕了不少，稚气的脸上也多了些成熟模样，虽然她还是不敢直视他人，却能开心地跟老师打招呼了。

暴龙勇士

那是台风天的前夕，在诊所等候区里，一位妈妈焦虑地盯着墙上的灯牌，好像想刻不容缓地冲进诊室找医生，手上还拿着厚厚一叠文件。这位妈妈旁边坐着一位神气十足、眼睛炯炯有神的男孩。他有着利落的短发和精致的脸蛋，神态自若地拿着妈妈的手机，嘴上不时地露出微笑，开心地玩着。我在课间时间跟其他家长讨论完今天上课的内容后，到外面的饮水机旁接水，这是我与阿正的第一次接触。

到了评估当天，我先让阿正进教室参与三十分钟的人际互动课程。在此期间，我除了观察他的活动表现，也看了看医院的诊断报告。

上课时，阿正除了表现出自信、好胜之外，口语表达能力也非常好。最后，我与他的妈妈晤谈时，又看见那一大沓文件，原来这些都是学校老师对阿正在校状况的观察记录。

阿正于三年级上学期时，通过老师的申请获得支持服务，接受情绪方面的支持。所以，阿正刚刚在治疗室的表现可能是"假象"。文件呈现了阿正在学校的"恶形恶状"：因为一点小事就暴怒、非常爱生气，而且常常脾气一来就持续一整节课，也影响了班上的课程进度。

两星期后，我刚好到阿正所在的学校提供支持，发现在课上如果阿正举手了没被叫到、被纠正错误、被同学告状，或是同学不遵守他的游戏规则就会暴怒。柔弱的老师眼中充满了委屈，对这个小孩毫无办法。

状况17 孩子爱乱发脾气，怎么办?

● 关键忠告：只要是人，不管年龄大小，都会有情绪，但
  是适当处理情绪的能力却不是每个人先天就具备的。我们
  应该好好与孩子探讨发脾气的缘由、时间点、持续时间和
  方式。

秘诀57：不要受到孩子情绪波动的影响。

大部分的孩子在自己的期待和需求没有得到满足的时候，
会用哭泣、发脾气的方式表达需求，这是很正常的。

大人知道何时需要适可而止，但孩子往往因为种种原因，
例如，同学的指责、父母的大声呵斥、大人的威胁、众人关注
的目光，而有可能抱着"豁出去"的心理，筑起更坚韧的自我
防御高墙，让自己变得"勇猛"以此对抗周遭的威胁。

所以在班上也好，在家里也好，我们要尽量做到"冷处
理""冷回应"，比如我们可以跟孩子说："你这么激动，我没办
法和你沟通，先冷静，我先上课，等你气消了我们再讨论。"
我们还可以说："你现在很不满，你先发泄完，我们再聊，我
先去煮饭。"

有些孩子能够学着配合，但有些孩子会爆发得更猛烈。这
时我们只能更加"淡定"，因为孩子要学习自我控制，他需要

一点时间消化。

绝对不能硬碰硬，这通常只会让孩子的情绪大到失控。我常说，碰到情绪失控的孩子，父母与老师就要把帮助孩子处理情绪的过程当成一种"修行"。

秘诀 58：只求冷静，暂时回避问题。

孩子在有情绪的时候，会一直针对自己的不满或者自身的问题与家长和老师争辩。由于孩子正处于"不理智"的状态，所以他的自我防御机制和攻击性都非常强。我们除了要保持冷静外，还要暂时回避问题，先不与他争论或讲道理。

试想，连比较理智的大人在争吵的时候都会口不择言，也常常会越吵越凶，孩子的自我控制能力当然没有大人强，所以，任何能让孩子冷静的方法都是好方法，例如，抱抱他、告诉他不生气就可以吃好吃的、静坐、玩玩具、听音乐等。不管是用利诱还是转移注意力的方式，我们最好等到孩子气消，再讨论所谓的是非对错。

秘诀 59：鼓励孩子主动表达情绪与感受，以身作则。

我们把孩子当成宝贝，给予他许多关注，所以当他仅仅皱一下眉、嘟个嘴、吼叫一声或哭闹一下时，我们就能猜到孩子的需求与感受，并给予满足与关注。这使得孩子不习惯主动表达自身感受。

孩子平时有任何需求、喜好、感受、心情，做家长的都应该引导孩子表达出来，即便孩子想要表达对家人管教的意见，家长也要虚心接受，耐心和孩子解释并诚心给孩子道歉。因为我们虽是父母，也有犯错的时候。

若是父母不能以身作则，学习接受批评，甚至吵架的时候彼此恶言相向，孩子也会模仿父母的做法。想让孩子在有脾气的时候可以快速冷静，自身就是最好的教材。父母都做不到的事情，为何要求孩子做到呢？

在教育孩子的过程中，家长的自我成长也很重要。

秘诀 60：建立一个安全的庇护区域。

许多孩子在有脾气或情绪时，需要别人的关注，但过多的关注反而会让他们没面子。家长除了冷静地告诉他要学习控制自己的情绪外，或许可以在他有安全感的前提下，给他一个小小的私人空间让他静一静，例如，学校在教室后面规划一个冷静区，家长在家里给孩子安排一个自己的房间。

就像大人心情不好时会想出去走走、独处一阵子一样，孩子也有这种需求。孩子在私人空间中不会感受到过多的注视，也不会受他人的影响，这能让孩子更快冷静下来。

不过，千万不要选择厕所等黑暗的、吓人的地方。这或许会有效遏止他当下的情绪，但衍生的问题也很严重，他可能会对独处、黑暗产生过度的恐惧，甚至有的孩子会被吓到歇斯底里地哭闹，这样做反而事倍功半。

　　我们请阿正妈妈在家里使用"冷处理法"，要求孩子在特定的时间内冷静下来，或者让他自己默念数字——"从一数到一百后要冷静下来"，并逐渐缩短时间要求，等到孩子静下来再处理造成他不满的问题。几个礼拜下来，孩子"情绪爆发"的时间渐渐缩短了。这种将"情绪"与"造成情绪的原因"区分开来处理的方式对阿正来说很有效。

　　或许是因为学会了自我控制，也或许是因为情绪一直被压制，阿正发脾气的频率虽然降低了，但他发脾气时偶尔会打人。在学校，他会对同学大打出手，在家里，他跟妹妹抢玩具而妹妹不给时，他就动手打妹妹或者握紧拳头发出吼叫。他甚至还会对妈妈动手。

状况 18　孩子生气的时候会打人，怎么办？

● 关键忠告：一个不当行为出现后，若无法有效制止或处置，这个行为就会重复出现，愈演愈烈。

秘诀 61：一视同仁，赏罚分明。

不同个性的孩子表现是有个体差异的。

我们往往会因为刻板印象或多或少地对孩子区别对待，建议老师立下班规、家长立下家规，无论孩子个性如何，赏罚都不应该因人而异，而是要公平、明确、一致，这样孩子才能清楚地知道什么事该做、什么事不该做。

家里若是有许多长辈，更需要由主要照顾者统筹，明确赏罚标准，其他的家人一起遵守相关规定。倘若其他长辈无法照着规矩执行惩处或奖励，那就全权交由主要照顾者执行，不要让其他长辈成为家中的"猪队友"。

在班上也是如此，老师要对学生一视同仁，不论是谁迟到、未交作业、骂人、捉弄别人，都应该按照处理程序承担相应的惩罚。

在科任课上，老师也要执行同样的规定与要求。这样才能让孩子受班规的约束，明确理解并遵循班规，久而久之也能让孩子学会自我控制。

秘诀 62：不论打人背后的原因是什么，都要接受惩罚。

"为什么要打人？你知道这样是不对的吗？"这是父母和老师最喜欢追问的。了解事情发生的缘由——是单纯的行为问题还是生理上无法控制——找到帮助孩子的方法。

若是单纯的行为问题就要采取一些方法加以矫正，我们发自内心地期望每个孩子都能有好的表现，并得到他人的肯定，但若是孩子无法"自律"，是否要运用更多的惩罚与奖励进行"他律"呢？

不管是故意还是无意的，事情已经发生了，我们要让孩子认识到自己必须要为对别人造成的困扰与伤害付出代价，意识到这样的行为是"犯错",而不是把重点放在"道歉"上。

许多聪明的孩子在受到批评时知道只要赶快认错就没事了。过去我常见到孩子被处罚完,你问他做错了什么,他回答"我不乖,所以被爸爸罚"或"我惹老师生气,所以被罚抄写"。但他并不知道自己究竟做错了什么。

所以,我们处理完孩子的行为问题,还要再次确认孩子是否真的认识到了错误,可以问他:"你知道为什么被处罚吗?"或"说说你刚刚做错了什么?"这样孩子才会对错误印象深刻。若是孩子说:"我知道不能打人,但是我无法控制。"那么孩子的问题则属于生理层面,应该交由专业人员评估是否需要医疗方面的介入。

秘诀63:良好的行为只能靠行为塑造。

我经常在学校和老师、家长一起拟定行为检核表,通过行为干预让孩子建立适当行为,这就是前面所提到的"他律"。

制作行为检核表首先要拟定明确的目标行为(不要用乖不乖这种笼统的词表述目标),例如,生气的时候可以在十分钟内平复心情、不擅自拿别人的东西、不做让别人觉得不舒服的肢体接触、不碰撞同学、不欺侮同学等。

接着,要拟定得分标准,例如,给孩子三次机会,若是犯错超标就不得分——若一次定生死,孩子可能永远无法达标;若是给孩子两次以上机会,孩子就能注意自己的行为并学习自我控制。

最后，计算总分，确定总分达到多少可以得到奖励，总分不足多少必须付出某个代价。我们建议选择奖励的方式，毕竟奖励可以鼓励孩子变得更好，除非碰到"吃硬不吃软"的孩子，那只好通过让他做讨厌的事情或者剥夺他的权益惩罚他。

千万记得行为干预不是一种交换，并非"妈妈给我玩手机我就不打人"，而是"我学会控制自己不打人，所以妈妈奖励我玩手机"。这是在生活中许多父母都会搞错的概念。更重要的是千万别承诺无法给予的奖励或制定无法实施的惩罚，例如，"你再乱骂人这周我们就不去饭店（明明已经订好了饭店，也约好了朋友）""你再动手我就把你最爱的积木丢掉（一套积木价格昂贵，爸爸舍不得丢）"。

另外，许多父母最常犯的错就是标准太高，孩子永远达不到。我常建议老师与家长，只要孩子努力付出，想要变好或改变，初期可以偷偷"放水"，让孩子获得成就感，例如，可以跟他说："虽然你还差五分才达到标准，但是妈妈看到了你的努力，决定帮你加三分，老师也决定帮你加两分，所以你达到了目标，可以得到奖励，下周继续加油。"

过去二十年，我用行为干预至少帮了数百位孩子获得自律的能力。随着孩子成功塑造良好的行为，不好的行为也一一得到改善，孩子在自我变好的过程中也会获得成就感。

秘诀64：给予适当的宣泄机会。

有些孩子生气的时候，必须用身体做出击打行为才能释放压力或情绪。若是孩子渴求这种感受，为何不创造一个既安全又可以让孩子释放的情境，让他好好宣泄呢？

与其打人，不如打枕头、打娃娃、打沙包、打棉被。曾经我遇到过一位喜欢用脚踹人、踩人的孩子，我就建议老师允许孩子生气时踹桌子、踢墙壁。孩子在宣泄的过程中，有可能因施力不当导致身体疼痛，或许这种疼痛能让孩子改掉坏习惯。我知道很多专家和学者不建议这么做，但在不得已的情况下，这样总比直接伤害同学好吧！

家人表示阿正从上幼儿园起到现在，其实一直都有打人这个状况，随着年龄的增长与心智的成熟，这种状况似乎有好转，但仍会偶尔发生。过往老师和家长的处理方式多半是把他骂一顿然后跟"受害者"道歉就了事。但是，这种处理方式严重影响了他的人际关系，几乎没有同学想和他玩。

此外，在家中，阿正只怕爸爸。每当妈妈温柔管教却没效果的情况下，爸爸就会采取威胁和恐吓的方式，阿正这才会乖乖就范，尽快控制情绪和行为，不再胡闹或欺负妹妹。所以当妈妈束手无策的情况下，只要请出爸爸出马，事情总能得到解决。

这在我看来是不对的，因为使用"权威"恐吓和阻止孩子并不是一个好的解决办法。

状况19 孩子只害怕威慑，怎么办？

● 关键忠告：孩子害怕威慑，在成长过程中不见得是坏事，但长此以往，也有可能使孩子产生挑战大人的心理。

秘诀65：极端又不一致的管教会造就孩子"看人下菜碟"。

这是一般家庭中最常见到的现象，父母两人一个扮黑脸，一个扮白脸，"白脸"说的话孩子不听，"黑脸"才出来惩罚，就像阿正看起来只怕爸爸一样。

爸妈对问题的处理方式及管教的"气势"不一致，会让孩子变得"欺善怕恶"。同样的问题与行为在爸爸面前不会出现，可是在妈妈的面前阿正却一犯再犯，这表示阿正不是依照行为本身的是非对错标准行事，而是在"看人下菜碟"。

孩子如果养成这种心理，就不会发展出"自律"，而是仅依靠威慑"他律"，所以父母在管教方面的沟通就特别重要。妈妈应该对孩子有所要求，爸爸应将管教的"气势"适当减弱，针对孩子的表现用行为干预的方法让孩子稳定情绪与改善行为，例如，要求孩子不管是在爸爸面前还是在妈妈面前、不管心情好坏、不管父母的心情好坏、不管在自己家还是在爷爷家，都不能打妹妹。

我们应该始终强调"不能打妹妹"的行为，如果妈妈好说话、爸爸会"修理"，就会让他在不同的人面前表现出不同的行为。若是父母都贯彻只要阿正打妹妹，他就不能看电视的原则，阿正就不会因不同人的不同处置方式而有不同的行为表现，也能意识到打妹妹是错的，是要付出代价的。

秘诀 66：打骂的教育方式会因为孩子逐渐适应而失去效果。

在孩子还小时，因为其沟通和理解能力尚未发展成熟，家长通过打手心、拍屁股、捏一下手臂约束孩子的行为偶尔是可行的，但一旦孩子长大一些，我就不建议用打骂的教育方式。

先不说这种方式会不会给孩子带来心灵的创伤或触犯相关法律，首先，打骂这种教育方式的有效性就值得思考。

从过去的经验来看，通常用打骂的方式教育孩子只会演变成越打越重、越骂越大声，因为孩子随着年龄的增长，其承受能力会越来越强。

常常吼叫孩子的家长一定会发现要不断提升音量，因为孩子若是习惯了一定的音量，没有更大的声音他们是不会怕的。这种管教方式会随着使用次数的增多而渐渐失去效果，家长只好用更大的力道及更大的音量才能产生效果，真是伤身又伤心。我还是建议找到孩子喜欢或讨厌的事物，结合行为干预的方式处理问题。

秘诀 67：当威慑不在，不代表可以犯错。

上面提到，极端的教养方式会造成孩子"认人不认错误"的问题，更麻烦的是孩子会把这样的习惯与做法延伸到学校。当学校老师的管教强度没有办法像爸爸的这么大的情况下，不听管教的行为就会再次出现。

大家也知道，现在的学校要求老师不能打、不能骂、不能体罚、不能过度要求，老师的约束能力相当有限。如果孩子认识到自己的行为是错误的，想要变好，那孩子就还有可能改变，但如果孩子天不怕、地不怕，想尽各种办法逃脱惩罚，真的会闹得天翻地覆。所以老师除了要适当地与家长沟通，要求家长针对问题行为做一致性处理，还要和科任老师、影子老师、"爱心妈妈"等达成共识，共同约束孩子的行为。

秘诀 68：在无计可施的情况下，最终威慑成为负强化。

如果你要问我最怕哪种孩子，我会告诉你是"软硬都不吃"的孩子。

过去我也遇到过像阿正这样的孩子，不管我们拟定多么明确的规范，多么一致地执行，给出什么样的奖励或惩罚都没效果。不给他代币他也不在乎，不让他进行室外活动他就在教室玩，罚他抄写他就故意拖延，不让他看电视他就玩玩具，不给他玩手机他就发呆，他完全不在乎奖励和惩罚，唯一怕的就是爸爸。

最后我们只能善用这一点，把"爸爸"作为行为干预中的负强化，他多次出现问题行为后就传讯息或者打电话给他爸爸，他爸爸回家就会惩罚他。

虽然这不是很好的方法，但我们也只能先善用爸爸的威慑了。当然，先决条件是爸爸也愿意共同参与，正视并协助处理孩子的问题。

随着我们不断修订行为检核表，阿正在我、老师、他妈妈的训练之下减少了很多问题行为。

他爸爸也曾几次到诊所了解与孩子互动的方式（因为爸爸的情绪也比较暴躁，他怕等到阿正长大后他们之间的冲突会更激烈）。

通过大家的努力，阿正在四年级下学期还当选了班上的模范生。

不过，他妈妈表示阿正虽然没有了行为问题，但情绪的波动还是很大，甚至影响了他的学业表现和同伴关系。

到了五年级上学期，由于课程更多，功课更难了，老师发现孩子的注意力也受到情绪的影响，成绩开始明显下滑。我建议他妈妈再次回到医院做注意力方面的评估。阿正虽然没有多动的表现，但医生确定他有容易分心、难以维持注意力的状况，建议使用药物。

状况 20　孩子有情绪问题或注意力不集中，需要用药吗？

● 关键忠告：用药就像食补，没有绝对的好坏，家长需要结合医生的建议及孩子的需求综合考虑。

秘诀 69：用药没有好与坏，取决于孩子需不需要。

我也算是一名医疗人员，每天的日常就是跟很多家长和老师接触，这几年常常被问到有关药物的问题。

我毕竟不是医生，没有开药的资格和权限，但我会分析药物的成效和副作用，仅供家长和老师参考。

个人觉得决定是否使用药物可以从两个方面考虑：

1. 在生活环境和学校中，药物是否会影响学生的学习及人际关系？

2. 在生活环境和学校中，药物是否会"干扰"课程进行及日常作息？

我们常说学习是需要成就感的，若是孩子想要变好，但因为生理问题限制了他在学业及行为上的进步，他就会自我放弃。因此建议家长在考虑用药时，可以用"试吃"的方式来观察药物对孩子的影响。

家长可以通知老师孩子已开始服药，和老师一起观察孩子的学习情况是否有改善，冲动控制能力是否有提高，情绪是否变得更稳定，问题行为是否减少，是否能更专注于学习，做事是否更有效率，是否无法承受副作用。

如果两周下来家长和老师觉得孩子不适合用药，再与医生讨论是否继续使用药物。

我身为治疗师只能尽力治疗、训练孩子，给家长提供教养策略，但是我无法改变孩子的生理问题。是否用药，这个困难的抉择还是需要家长帮孩子决定。

秘诀 70：让孩子知道药物对自己的影响。

通常，像阿正这么大的孩子有情绪、多动、注意力问题时，许多医生会考虑直接使用药物，但行为干预与心理疏导也同样重要。

我建议阿正在使用药物前后感受身体的变化，他发现：思路变得更清楚了、写作业变快了、听进去妈妈的叮咛了、考试时记得要检查了。

另外，我还告诉他，"不可能一辈子都依赖药物"。当药效过了以后，我们还是要面对生活环境、人际关系，无论是尝试自我控制、想办法转换情境，还是找时间宣泄抒发，这些都需要我们慢慢学习掌握。

的确，神经系统会随着年龄的增长越趋成熟，自我控制能力也会慢慢提高。但是，如果我们还没长大，药就没效了，怎么办？这是我经常和小学中高年级以上服药的孩子们讨论的议题。

阿正上了小学六年级以后，我就没再见过他。我通过学校的老师了解到他的父母后来同意让阿正规律服药，并使用了我们提供的一些针对问题行为的处理策略，他很少在学校"爆炸"，在班上的人缘也不错。

听说阿正的妹妹在二年级的时候也被发现疑似有情绪障碍，只是状况没有阿正的那么明显。老师问我是否需要为阿正的妹妹申请专业服务，我告诉老师："可以试着按照我给哥哥制定的方式引导孩子，持续观察孩子的表现。若她妈妈需要，我随时都在。"等待了一学年，我仍然没有在服务学生名单上看到妹妹的名字，我感到非常欣慰。

第二年的暑假前，我突然看到阿正妈妈出现在辅导教室外。她递给我一盒特产，说："谢谢老师过去的帮忙，因为爸爸的工作关系，我们要举家搬迁到新竹市。阿正现在上八年级，状况都很稳定，只需每周参加一次职业培训课。妹妹后来被我们教得很好。爸爸也加入了一些社团，分享老师给我们提供的方法与策略。目前我已经'熬出头'了。"

我竟一时不知说些什么，只是傻傻地笑着看着阿正妈妈直点头，说："继续加油喔！"这是我能想到的最简单的祝福了。然后，阿正妈妈一直鞠躬言谢，消失在逐渐关起来的门缝中，而眼前需要帮忙的孩子就紧张地坐在我面前……

"专注、用心、继续为学生服务！"我默默告诉自己。

风格女侠

　　茜茜的外貌在明星学校内一点都不显突兀，修长的身形加上长及腰部的头发，让她整个人散发着独特的气质，她的双眼看向我时显得炯炯有神。不知为何，她给我的感觉犹如"冰山美人"，有一种说不出的淡漠。身旁的她妈妈也让人眼睛一亮，但给人的感觉和女儿如出一辙。当我们眼神交错的瞬间，她妈妈眼里的冷漠化开，热情又尊重地和我打招呼："老师您好！"

　　简单地与茜茜互动几分钟后，我就请她到旁边的桌子上画画。她的口语表达能力和理解能力都没什么问题，唯有眼神闪烁游移，好像害怕被我看穿她的心思。上学期，茜茜在班上的一些举动，吓坏了同学与老师，老师这才考虑寻求作业治疗方面的协助。

　　茜茜的妈妈是当地知名饭店的负责人，虽然她的嘴角不时露出微笑，但我说话还是格外小心，我只是尽量向她了解孩子在过去成长中及现在出现的一些问题，并不敢与她深入讨论。果然她妈妈觉得孩子的问题不大，对许多状况都轻描淡写，甚至觉得学校反应过度。

　　为了之后能提供深入的帮助，我努力展现专业态度，猜测孩子可能出现的症状，没想到她妈妈频频点头。借此，我成功地获取了她的信任。

　　离开前，茜茜妈妈仿佛放下了戒心，非常轻松地跟我道谢，茜茜也机械地跟我道别。

　　初次见面后，我跟老师解释我这么做的用意，我告诉他，我们需要与家长建立一定的关系及信任感，才能有效地帮助他们。我跟老师说之后可能要额外多安排一点时间给这个家长，"相信之后我们会有聊不完的内容"，这是我给老师的反馈。

为了尽快解决孩子的问题，我与老师在家长再来学校前就讨论好了如何在学校帮助茜茜。

两个月后，我又与茜茜妈妈见面了。我一见面就和她说："早安，茜茜最近在学校有很大的进步呦！妈妈感觉到了吗？"

茜茜妈妈肯定地点点头："老师都和我说了，很感谢老师们，可是……"

我花了两个月就是在等这个"可是"。终于，茜茜妈妈像变了个人似的突然说个不停，说茜茜在四年级时因为数学考了九十七分，当场把考卷撕掉并大叫"我是白痴"，回家之后更是用头撞墙，而茜茜过去也曾经因为自己的失败或不完美，做出伤害自己的行为，这是茜茜妈妈最在意的。

状况 21　孩子接受挫折的能力差，怎么办？

●关键忠告：人生处处都有挫折，没有人不曾跌倒过，如何让孩子了解此道理非常重要。

秘诀 71：让受挫成为日常。

克服对跌倒的恐惧，最好的方式就是不断跌倒，直到"没感觉"。在前面的章节，我提到过脱敏法，我们可以依样画葫芦，让孩子对受挫"脱敏"。

例如，我们可以跟孩子玩对战或者竞争类游戏，先让他赢三到五次，让孩子先得到成就感并且享受赢的感觉，告诉他爸爸妈妈一直在输，但没发脾气，再很认真严肃地告诉他："我要认真了，不能再让你赢下去，如果你真的输了，不可以生气哦！"最后他一定还是会生气，但是多赢少输的局面，加上事先"打了预防针"，会让他的反应不那么大。

父母可以将同样的方式应用在孩子日常生活的方方面面，如吃饭、跑步、做作业等，随时教育孩子，生活中大大小小的事情都有输有赢，应该把更多的注意力放在学习知识、享受快乐上，不要一直强调输赢。

当孩子对输赢习以为常，就不会因受挫而崩溃。

秘诀 72：面对挫折，分析失败的原因，越挫越勇。

当孩子受挫了，父母在处理好孩子的情绪后，应当和孩子一起分析失败的原因——不熟练？不专心？能力不足？不擅长？——找出失败的原因的重点在于让孩子了解自己，并学习面对现实，我们要让孩子知道每个人都是独立的个体，不是别人做得到，自己就一定要做到，也不是只要努力，就可以实现任何愿望。父母和孩子一起分析受挫的原因后，若是觉得孩子能力可及或可以继续尝试，可以给予孩子"下次再试试看""我相信你做得到""我觉得你没问题"这样的鼓励。但是，如果孩子不具备相应的能力，父母给予孩子不适切的期望，会让孩子重复面对挫折，产生更严重的挫败感。

秘诀 73：父母的反应决定孩子的心理感受。

"跌倒了就再站起来！""妈妈陪你一起走过来！""考不好，下次再加油！"这些正向语言不但不会伤了孩子的自尊，还能避免孩子在失败后自我否定，同时也能让他知道"人都会失败，没关系，下次再努力"。

让孩子把输赢看成非常自然的事情，不要无限放大挫败感，知道即便失败，家人还是爱他、支持他，同学也还是会和他一起玩，世界不会因此改变。

"你怎么那么差？""太差了，你考的是什么成绩！""连球都接不到，笨手笨脚的！"这些负向批评会让经历失败的孩子产生被落井下石的感觉，让他们变得没有自信或特别害怕面对挑战，产生与其面对挑战而失败，不如干脆逃避或直接放弃的想法，因为他们不想再因为受挫而遭到他人的"鄙视"和"嘲讽"。

长期的自我否定与逃避挑战，会让孩子认为自己就是失败者，一蹶不振。所以，我们还是要以鼓励代替责骂，正向语言取代负向批评。

秘诀 74：现实是最好的教材。

利用电影、动漫、新闻中的题材教育孩子，比如跟他说："你看钢铁侠也是摔了几百次，炸了好几次实验室才成功。"还可以说："炭治郎虽然被打败，还是不断修炼，不断努力。"甚至可以说："爸爸以前也是考了好几次才拿到证照。"让孩子不管在"戏里戏外"都能随处见到失败的例子。

当家长在现实生活中真的遭遇一些变故或挫折时，一样可以将其当作很好的教育机会，像"爸爸就是因为不专心所以出车祸了""妈妈就是太有自信所以被割伤了"，让孩子看到自己最亲最爱的父母，也有"脆弱"的一面，一样会失败受挫。

如此一来孩子会觉得不是只有他会失败受挫，他也不是一个人在面对挫折。

茜茜除了无法接受挫折，还很"自我"，说话做事都不为别人着想，只坚持自己的想法。

她更不在乎说过的话、做过的事是否得罪别人，往往不在乎别人的感受，只专注做自己。

状况 22　孩子的同理心很弱，影响到人际关系，怎么办？

● 关键忠告：同理心是与生俱来的。有些孩子在四到五岁时会开始发展出同理心，而有些发展比较慢的孩子则只能通过学习与模仿获得同理心。

秘诀 75：认识自己与他人的情感表现。

同理心在心理理论发展成熟的阶段形成。

孩子在三到四岁时比较以自我为中心，凡事只考虑自己、不懂得分享、不在乎别人的感受，这时候要求孩子在乎或关心他人的感觉似乎过于勉强。

孩子在将近五岁时，开始清楚了解自己的感受与需求，甚至可以通过观察别人的行为、喜好、情绪、动作，来猜测别人的想法，其心理理论渐趋成熟，同理心也开始发展。

孩子若是同理心较弱，我们可以尝试跟孩子玩"读心术"的游戏，比如可以问孩子："我们一起猜猜看，为什么他今天看起来很难过？"这就需要孩子站在别人的角度与立场进行猜测。如果孩子不会猜，我们也可以引导："什么事会让你觉得很生气？"孩子可能回答"爸爸不让我看电视""哥哥抢我的玩具""妈妈说要带我出去玩却没做到""我不乖，被老师骂"。

这时我们就可以跟他说："那位看起来很难过的同学，可能跟你遇到了一样的问题哦！"这时候孩子就会把自己的感受与同学的生气与难过联结起来，同理心也因此渐渐产生。

下次碰到孩子不在乎别人感受的问题（如孩子抢妹妹的玩具）时，我们就可以跟他说："你讨厌哥哥抢你的玩具。那你今天抢妹妹的玩具，你觉得她会有什么感觉？"如此不断重复训练，就完成了培养孩子同理心的第一步。

秘诀 76：父母要先理解孩子的感受。

当我们教导孩子面对错误或指出孩子需要改进的地方时，若是无法先理解孩子的感受，只是批判或指责，孩子就不会学习到要站在别人的立场思考，而把重点放在做错事上。

例如，孩子对兄弟姐妹说了难听的话，如果父母只是责怪孩子，他只会领悟到骂人的行为是错的，但如果父母引导孩子建立同理心，对孩子说："如果爸爸对你说这样的话，你听后会有什么感觉？你这样说弟弟，他会有什么感觉？换个方式，你可以怎么说？怎么做？"孩子就能从中学会理解他人的感受。

通过父母与老师的引导，孩子在犯错后既能反省与检讨，也能提高处理问题的能力。既要顾及自己的感受，又不伤害到对方（要去猜测别人的感觉或想法），这就是同理心的练习。

有了父母的爱，孩子可以体会到父母的辛劳与付出，并依照父母的做法，包容他人。渐渐地，孩子也会用同样的方式对待老师、同伴。所以，家长的引导非常重要。

在培养孩子同理心的过程中，父母不但要当一个好的示范者，也要适时提点与引导孩子。如此一来，孩子才能适时地为别人着想，顾及他人感受，变得体贴懂事。

秘诀 77：通过角色互换让孩子学会换位思考。

有些孩子的抽象思维能力比较差，可能无法玩"读心术"游戏。"读心术"游戏也有其局限性。因为感受是主观的，有人被碰一下就不舒服，有人被撞到也不在意，如果孩子的主观感受就与他人不同，玩"读心术"游戏也无法培养孩子的同理心。另外，有类似特质的孩子大多以自我为中心，不能理解"己所不欲，勿施于人"的道理。

我建议可以用角色扮演的方式，让孩子换位思考，例如，如果孩子对同学说了难听的话，让同学感觉很不舒服，那就让孩子也成为"受害者"，请同学用一样的语言、语气、表情对他说话，让孩子体会被这样对待的感受。

又或者孩子常常"不小心"碰到同学，同学向他表达了被碰到会觉得不舒服，虽然他说自己不是故意的，但常常再犯，让人难以忍受。我们一样可以请同学扮演他，当他在看书或写字的时候，一次又一次地"不小心"碰到他。在此过程中，老师或家长最好能全程录影，结束后让孩子看看自己的表现，慢慢学着体会他人的感受。

秘诀 78：不谈感情，就事论事。

在日常生活中，我们发现许多孩子在同理心的发展上有明显的困难。我们通过"读心术"游戏、"角色扮演"游戏或对电影、新闻的解读，依然无法在短时间内培养出孩子的同理心。

这时候，也许我们该放慢速度，先回到"现实"处理实际的行为问题，而不是执着于培养孩子的同理心，这样或许会简单一点。

就像秘诀 77 中提到的，所谓的"难听"或"不舒服"的感受的确很主观。所以，若是发生类似状况，我们可以先不去探讨谁的感受是对的，而是让孩子明白既然别人不喜欢，就不要这样对待别人，可以直接告诉孩子"不准再对同学说他们觉得难听的话""请你在上课时不要一直碰到同学，他不喜欢这样"。先用这种处理方式减少发生冲突的频率，解决眼下的矛盾，待孩子的同理心发展得较为成熟后，我们再和孩子讨论感受的问题，会更有效率。

茜茜很爱面子，她的上述问题在家里比在学校显得更严重。或许是得益于她妈妈与老师的教导，孩子在遭遇挫折后情绪爆发的频率与强度明显下降不少。

至于同理心方面，老师觉得茜茜还有待提升，反倒是她妈妈觉得她在家里的情况会好很多。因为在家里，她把妈妈弄得不舒服了，妈妈就弄回去；她不理爸爸，爸爸就跟她冷战。学校的老师则不能这样做。

　　茜茜的学业向来都不需要父母担心，甚至十分优异，只是行为状况需要改善。我们与茜茜一家建立了信任关系有赖于茜茜妈妈卸下心防，与我们更深入地讨论茜茜需要改善的地方。

　　这次会谈的重点为茜茜很容易紧张与焦虑，喜欢按既定日程生活，一点都不喜欢"惊喜"。如果行程有稍许变化，她常常感到不安甚至紧张，更遑论原本安排的行程被取消或改变了。

　　由于学校的课程多半都是比较规律的，所以茜茜在学校时的焦虑状况好于在家时。而在家时，因为父母的工作机动性比较强，假日的规划与行程有时顺顺利利，有时却突然被取消。这常常使茜茜既期待又害怕。如果行程有变化，茜茜就会大发脾气。

状况 23　孩子因为焦虑而出现情绪和行为问题，怎么办？

- 关键忠告：焦虑来自即将到来的事，孩子会因此感受到压力、紧张、不安，这种情绪往往会持续一阵子直到事件到来，有些孩子会因为事件不如预期而有不同程度的情绪反应。

秘诀 79：理解孩子的感受，和孩子一起面对。

面对焦虑的孩子，许多父母会这样鼓励孩子——"不用担心，不会发生啦""勇敢一点，不用那么在意"。但孩子的焦虑并不会因此消失。父母应该告诉孩子感到焦虑其实是好事，这代表他特别在意且重视一件事。

不管事件的发展、结果是否如孩子所预期的，父母都可以与孩子一同面对，可以这样跟孩子说："爸爸也好期待假期能有好天气，但是天气很难预测。"或者说："妈妈要考试时也是一样的紧张，怕考不好。"

父母对孩子的感受表示理解后，可以教孩子几种缓解焦虑的方式，如听音乐、做运动、玩游戏等，让紧张的心情得到缓解，不至于影响身体。

千万不要不耐烦或责骂孩子，那只会增加孩子的焦虑感。不断重复上述做法，让孩子学会慢慢习惯这种不安，甚至可以在事件结束后，根据结果的好坏和孩子讨论感受，让孩子明白焦虑不会让事件的结果变得更好，因此没有必要焦虑。

秘诀 80：认清没有期待就不会失望。

许多孩子的焦虑来自不确定心理预期能否得到满足，例如，长假到来时就可以跟家人和朋友们一起去海边，但气象预报说有台风，如果下雨，怎么办？假期是否要泡汤了？朋友是不是见不到了？或是期末考试若考得好就可以买游戏碟或者得到奖励，但是没有准备充分，如果考不好，怎么办？如果得不到新的游戏碟，怎么办？

在孩子的成长过程中，我们经常为其设立一些标准或目标，让孩子的努力可以得到回报，但这往往成为容易焦虑的孩子的压力来源。这种孩子的预设立场①比一般孩子更坚定，好胜心也比一般孩子更强，他们往往会求好心切。如果结果不如预期，他们的失落情绪也比一般孩子更强烈，甚至有的孩子会用一些激烈的方式"自我责备"。

面对这种孩子，"打迷糊战"是一种不错的方式，如孩子问："妈，假期我们要去哪里玩？"家长就可以回答："如果天气好我们就考虑出去，天气不好就没办法，再等等看吧。"或是孩子问："爸，我考试考得好有什么奖励？"家长可以回答："爸爸希望你努力不是为了奖励。等到有进步我们再来讨论，努力就对了！"

在与孩子的互动中减少孩子的期待值，期望落空后带来的伤害相对也就减少了。

茜茜妈妈是秉持"付出就要收获结果"这一观点的家长。茜茜做出任何的努力，她妈妈都会和她约定要收获何种结果。这就造成了茜茜对事事都感到焦虑，怕自己不够完美，心理压力过大。

---

① 预设立场是一种主观意识，通常基于过去的特定印象或片面的个人见解，去设想事态的发展走向并做出判断。预设立场会限制思考的多样性。

秘诀 81：让孩子学会给自己"打预防针"，做好心理建设。

缓解孩子的焦虑还有另一个方法，就是让他说出焦虑的原因。让孩子尝试列出即将到来的事件，以及可能会面对的所有结果。结果有好也有坏，有的达成了预期，有的没有达成预期，让孩子学习做最坏的打算。这样，在没达到期望时，孩子的失落感就不会太重，如考得好，父母可能会给予相应的鼓励与奖赏，考得不好，可能要承受挫败感并进行自我反省；天气好，可以如期出游享受假期，天气不好，可能只能在家里看电视、看书；比赛中表现得好，可能得到好名次给班级争光，发挥失常，有可能得不到好名次，但老师也不会责怪我，因为我努力了。让孩子练习把事件当作人生剧本，让他知道生活中的起起落落、输输赢赢、好好坏坏、对对错错都是必然要经历的。

孩子做足了心理建设，在面对即将到来的改变与压力时，便能稍微坦然面对，焦虑感也会随之减少。

秘诀 82：不要随孩子起舞，让他学习承受。

孩子的情绪反应比较大，往往因为"剧情"没有照着他的"剧本"走，而"结局"也不如他的预期。家长与老师除了理解、安慰、鼓励孩子之外，绝对不要因为孩子反应过大而擅自改变"结局"。

孩子在成长的过程中要尝试适应社会与外界的变化，毕竟世界不会按照孩子的思维运转。倘若孩子面对恐惧的事情感到害怕时，家长选择让孩子远离焦虑源，孩子就会将面对焦虑时的逃避行为合理化。

反之，我们应该让孩子知道：害怕、紧张、焦虑都是正常的，我们要一一面对、承受，甚至将其克服。这些都是成长的过程。

每个孩子的承受能力不一样，家长不要逼迫或强迫孩子，应该鼓励与陪伴孩子。在这一过程中，孩子的身心会慢慢成熟。

这一学年，在学校老师、同学、父母的陪伴下，茜茜的情绪越来越稳定了。我与茜茜的家长、老师的最后一次会谈是在茜茜上六年级上学期的期中。由于茜茜的理解能力非常好，我嘱咐老师让她留在教室上课即可，以免她偷偷听我们讲话。

这次只有她妈妈跟我们一起讨论，她对于茜茜升学的紧张与焦虑都显现在脸上。老师清楚地告知妈妈升学的流程，以及初中提供的支持服务。之后，我们检视了茜茜的状况，感觉没有太大的问题。

接着，我与妈妈闲聊茜茜在家里的表现，以及与家人的互动情况。

茜茜的身高虽然已经是156cm了，可是她的内心还是个小孩。尽管她的生理特征已经明显发育，在家里还是会常常跟爸妈亲亲抱抱，甚至撒娇时还会赖在父母的怀抱里。我听到这里给了她妈妈最后的建议，希望孩子能在小学期间做好准备，面对即将到来的初中生活。

状况 24　孩子特别喜欢跟人亲密接触，这样好吗？

● 关键忠告：每个人对于感官刺激都有特定的喜好，通过亲密接触，孩子可以获得安全感，增加感情交流。但随着年龄的增长，孩子与家人、朋友的互动方式也应该更加成熟。

秘诀 83：与人保持有礼貌且符合年龄的接触。

我觉得只要是家人达成共识，给孩子良好的身体认知教育，即便我们在家里穿着清凉，甚至全家一起泡汤，这都是非常健康、轻松、亲密的相处模式。但是，我们还是要教导孩子与其他人保持距离，避免招致性骚扰、暴露狂等伤害。

爸妈与茜茜的互动方式更像是和小孩的互动方式。我建议父母可以教导孩子随着年龄的增长，用更成熟且适当的方式与人互动，在家里，将以前常用的过于亲密的互动方式改为与孩子牵手、勾手、搭肩、摸头、晚安吻、拥抱等。否则，孩子也会不想长大，想永远做那个在父母怀抱中依偎、撒娇的宝贝。

不管是与孩子的肢体互动方式还是语言交流方式，父母都要注意随着孩子年龄的增长而有所改变，不然孩子就会在外与人互动时也用小孩子的方式，这样或许会让同伴感到很幼稚，从而遭到排挤。

秘诀 84：肢体接触会随着孩子生理上的发育而产生不同的意义。

家长除了随着孩子年龄的增长要调整与孩子的互动方式之外，还要注意，孩子的第二性征开始出现时，意味着性激素开始大量分泌，因此孩子也会渐渐地产生性意识。

但是，像茜茜这样心智水平低于同龄人的孩子，即便生理上开始发育，心理上也对两性关系没有概念。他们喜欢通过与父母的撒娇、亲吻、拥抱获得被呵护感，在与父母肢体接触的过程中，难免因为激素的影响而产生"愉悦感"，但以其有限的认知能力有可能无法区分这种感觉与小时候的感觉的差异。不仅如此，他们还有可能爱上这种感觉，甚至产生生理反应。

对孩子来说，这样的互动模式只是表达喜欢、友好、亲密的方式。如果孩子遇到心存歹念的人，这种互动方式就会给孩子带来危险。

我建议在孩子判断能力不足的时候，最好避免孩子与任何外人有任何形式上的肢体接触（最好也避免和亲人的肢体接触，若真的要有，只限同性亲人）。等孩子心智成熟，认识到自己在生理上的改变时，我们再让他自行判断哪些触碰是安全且可以被允许的。

　　我只为茜茜提供了为期一年的服务，但是我在服务时抓准问题，利用孩子的特点，注重在家庭、学校干预时保持一致性，许多问题似乎都得到了改善。服务结束后，我就不曾再见过孩子，仅仅通过老师的转述了解孩子进步的状况以及她妈妈的努力。

　　茜茜毕业的那一年，学校收到了家长的赠礼（几盒水果），礼物的包装上还写着"谢谢所有曾经帮助过茜茜的老师、治疗师、同学们"。老师转述时露出愉悦的微笑，我也点头微笑并跟大家说：辛苦了！

　　这不是我一个人的功劳，也不应该归功于任何一位老师。在帮助孩子的路上，我们都只是伸出援手、充满爱心的"过客"，家长抱持着什么样的态度面对孩子的问题才是最重要的。这一过程中功劳最大的是她的妈妈，她愿意尊重我们的专业，这才是改变的关键。

技能小将

宸彦是一个让人无法第一时间就看出问题的孩子。他在眼神接触与社交对谈方面都很合宜，坐在位子上画图、写字时也不会明显地频频换姿势或动来动去，眉宇之间神态自若。

一眼看去，他没有多动表现、没有情绪问题、没有问题行为，我在心中盘算着他的问题。孩子与我初次面访结束，接下来是家长会谈时间。

宸彦的妈妈走进咨询室，老师也将宸彦的资料递给我。我第一时间去看他存在的问题，结果显示，他似乎在学习上非常吃力。

妈妈好像对我有种一见如故的感觉，似乎心中有许多埋藏已久的话想说，"老师，他已经上三年级了，可是很爱说谎，常常在老师面前说的是一套，在我面前说的又是另一套。如果我拆穿他说谎，他又会顾左右而言他，把过错推到哥哥或同学身上"。

老师也在旁边点头附和，举了好几个在学校的例子。本来学校担心宸彦在心理方面有问题，将其转介到心理咨询教室请心理老师介入，但结果是似乎改善有限。

从一年级下学期到现在，孩子的这个问题一直存在。在后来几次会谈中，我与老师确认，才发现原来大人们被这个孩子耍得团团转。这就是我们在帮助宸彦时面临的第一个挑战。

状况 25　孩子常常习惯性地说谎，怎么办？

- 关键忠告：人都会说谎，孩子亦是如此。重点是为何说
  谎？说谎的目的是什么？如果我们不好好纠正孩子的观念
  和行为，久而久之，说谎会成为孩子自我逃避及推卸责任
  的常用方式。

秘诀 85：了解说谎内容的真实性与逻辑性。

在过去的经验中，我发现许多孩子的谎言非常远离现实。
例如，孩子本在没有兄弟姐妹的单亲家庭生活，家人对其的照
顾非常有限，假期也很少陪伴他，多让其用电子设备打发时
间，结果孩子到处跟别人说自己的爸妈感情很好，会带他到处
旅行，爸爸开的是豪华汽车，妈妈很漂亮、很温柔，哥哥姐姐
都很疼他，处处都会让着他……同学以及老师都对他有个甜蜜
的家庭信以为真。

后来同学发现孩子的说辞前后不一致，并告诉了老师，老
师经过了解后发现一切皆与事实不符，才明白事情的严重性。

通过心理老师的解释，老师才知道孩子渴望拥有他形容的
家庭，他的小小心灵似乎受到了严重的创伤。之后，经过老师
的开导与关怀，孩子逐渐接受了现实。

这类孩子的心思格外细腻。因此，我们在探究孩子说谎的

原因时要格外谨慎，对孩子的内心世界多加探索，适时给予关心，并且告诉孩子要勇于接受现实，避免孩子因为观念偏差产生不好的想法与行为。

秘诀 86：探究说谎背后的原因，才能给予疏导。

现实世界中，大人因要面对复杂的社会，似乎常在说谎。出于善意的谎言也好，为了生存的谎言也好，说谎的背后都有一些复杂的原因。孩子跟我们一样，说谎一定有他的理由，所以在了解实情之前，尽量不要第一时间责骂或评判孩子，而是通过引导让孩子表达他的感受。

最常见的说谎原因莫过于害怕被处罚，孩子常常希望在父母与老师面前好好表现。他们有时会为了逃避面对自己的不完美而选择不承认自己的错误，用说谎的方式规避责任。

另外一种常见的原因就是希望得到他人的赞赏，孩子有时可能无法完成老师的任务或达不到和同伴一样的水平，但为了让别人可以喜欢自己、肯定自己，会把没有发生的事情说得头头是道。

还有一种原因是怕长辈因为担心、操心而啰里啰唆，干脆谎称一切都平平顺顺，没有发生任何事情。

最后一种常见的原因就是帮别人说谎，孩子可能为了得到同伴的认同，为了不失去友谊，选择通过说谎"保护"自己在意的人。

其实大人也会有这些原因，但孩子无法正确地判断是否真的需要说谎，往往事情本来一点也不严重，但孩子因为不愿意承担"真相"带来的心理负担与压力，选择用说谎逃避"真相"。而谎言常常会如同滚雪球般越滚越多，最终导致局面失控。

因此，试着去了解孩子说谎的原因并且教导孩子正确的观念，才能够减少孩子说谎的频率。

秘诀 87：告诉孩子说谎会带来的后果与负面影响。

当我们了解孩子说谎背后的原因后，要做的第一件事就是对孩子表示理解。

如前所述，大人也会因为一些原因说谎，但大人可能更清楚谎言被戳破后带来的后果，而孩子可能不知道当别人发现他说谎后，自己需要面对什么，也不知道说谎会造成什么后果。

我们要尝试和孩子一起分析事情的利与弊。当一件事情发生后，我们要引导孩子想象，如果诚实面对，会有什么样的结果与感受，如果说谎逃避，会导致什么样的后果。

我们还要跟孩子强调，生命中会出现许多挫折与挑战，我们应该勇敢面对自己犯下的错误和自己的不完美。当自己没有能力或无法达成目标的时候，我们要能够适时地想办法面对以及寻求他人协助，而不是为了达到目的或逃避结果而说谎。

秘诀 88：告诉孩子诚实会带来的好处，帮助孩子建立良好的道德观。

要鼓励孩子诚实，除了可以通过分析、沟通，让孩子知道诚实的重要性外，还可以鼓励孩子养成不说谎的好习惯。

良好的行为可以通过行为干预塑造，例如，当我们发现孩子有说谎的行为或习惯时，可以让孩子知道如果诚实说出事情的详情或者勇于认错，父母、老师不但不会责怪，还会帮忙解决和面对眼前的问题，甚至给予奖励。说谎不但会让大人生气，还会受到一些应有的惩罚。

这种强化的方式可以让孩子明白诚实是值得被嘉奖的，说谎是不可原谅的。久而久之，孩子就会认为"诚实＝美德""说谎＝不可原谅"，并慢慢改掉说谎的坏习惯。

宸彦过去虽然有说谎的习惯，但他本质上是个善良且没有恶意的孩子，所以通过老师与家长的共同努力，孩子的说谎行为在短短的两个月内，就有了明显的改善。

然而，妈妈和老师在参与咨询时还是满脸愁容，说他每天因为抗拒上学跟妈妈大闹；到学校后趴在课桌上不参与课堂；作业一拖再拖，能不做就不做；在班上因为不开心也鲜少与同学互动。

……

状况 26　孩子抗拒上学，怎么办?

● 关键忠告：对过去的我们来说，上课、做作业、学习是
天经地义的事情，但在新时代，我发现许多不擅长学习的
孩子，容易对一般的学校生活感觉无趣，甚至抗拒上学，
这时候必须要用正确有效的方式与孩子沟通。

秘诀 89：让孩子知道学习是他们的工作。

这是我最常用的一招。

我的孩子小时候会问："爸爸的工作是上课，妈妈的工作
是要照顾我，那我的工作呢？"我们会告诉他："小孩的工作
就是乖乖吃饭、开心玩乐、准时睡觉。"孩子上了幼儿园，我
则告诉他："去幼儿园就是你的工作。"等孩子进入小学，我会
说："上课、做作业、写字、运算、背诵、锻炼身体、交朋友，
这些就是你每天必须完成的工作。就像送你们上学、接你们放
学、去学校辅导学生、给家长做咨询、假期带你们出门玩、偶
尔参加培训或讲座是爸爸的工作一样。"

在这个过程中，父母要慢慢让孩子接受与习惯"人生的无
奈"，比如可以对孩子说："爸爸也不喜欢工作，但是我要赚钱
才能带你出去玩、给你买玩具。"还可以对孩子说："没有小孩
喜欢上学、做作业（排除极少数是真心喜欢的），但是不上学、

不做作业就没办法学习知识，未来就无法拥有一技之长，也不能赚钱买自己喜欢的东西和做喜欢的事。"

学习是生活的一部分，学习也是一种习惯。即使跟孩子说了再多观念，父母也要以身作则，带着孩子在生活中学习各种知识、技能。不要让孩子以为学习只是在学校上课、做作业；要让孩子明白就算在学科上的表现不如预期，也可以在其他的领域脱颖而出。

秘诀 90：知识是一种力量，世界上还有其他的力量。

"好好学习，拥有好成绩，就可以在好的学校就读，人生就是彩色的"，这似乎是家长的普遍想法，但在这个多元的时代，这种想法是有其局限性的。

身为父母的我们可以给孩子分析读书、上学的好处，让孩子明白拥有知识除了能让我们上好学校之外，还在适应生活、自我成长、人际互动、待人处事等多方面对我们有帮助。

然而，对于不喜欢读书的孩子，父母也不要对他们感到失望或直接批评他们，而是可以带他们从事社区服务、垃圾回收、公益活动等劳务性工作，或做一些体育活动、美术手工等活动。

在这个社会，只要能用自身的知识或体能生存都值得被赞许，孩子可以有更多的选择。

不过，孩子就算不喜欢读书，想提早开始工作，还是需要学习一些基础知识。即便是职业技能的学习也必须以拥有基础的知识为前提。也就是说，孩子至少要完成义务教育阶段的学习。

秘诀 91：让孩子在学校找到"快乐源泉"。

让孩子知道学校的学习是多元且丰富的。

孩子就算不喜欢语文、数学，还可以学习英语、综合实践、科学，甚至技能性科目，如体育、音乐、美术等，学校还有许多的社团与校队可以参加。如果孩子无法对传统科目产生兴趣，我们可以引导并鼓励孩子发展其他领域。

例如，我接触过的一个孩子，他在传统科目中无法取得优秀的成绩，但在体能上的表现堪称数一数二，每每都能在校际田径比赛上为校增光，上学对他来说就一点都不困难，他只要完成基本的课程学习，其他时间都可以专注在他擅长的体育项目上。

也有些孩子在音乐、美术方面有极高的兴趣和天赋，他们虽然在传统科目中的表现不如其他孩子，但是在艺术类课堂上的表现优异。

如果孩子没有专长呢？我们可以试着将焦点放在他与同学的互动交流上。

身为父母的我们要帮助孩子找到上学的动机，哪怕是一点点也好。如同大人不可能总是对工作充满激情，总是要找到一些支持自己持续工作的动力，对孩子来说上学也是一样的。孩子的心智尚未成熟，常常无法自己找到上学的动力，家长就要担负起引导孩子的责任。

秘诀 92：义务教育就是"义务"，不喜欢也必须接受。

家长要帮孩子从小树立对待上学的正确态度。这不仅因为上学（接受义务教育）是孩子的"本职工作"，也因为上学是法律的规定。如果孩子缺课的时间达到一定程度，学校就会采取一定措施。

现阶段的学校老师对在校学生没有强制约束的权利。当孩子抗拒上学时，老师只能耐心劝导孩子。如果家长让孩子从小就抱有"必须上学"的观念，之后孩子在求学的路上碰到挫折，就不容易出现厌学的心理，这也算是"预防胜于治疗"吧！

期末时，我再次见到了宸彦，我以为他会为自己取得的进步非常开心，但他满脸愁容地坐在辅导室等我。

"最近是不是变成一个诚实又听话的好孩子了呢？"他一言不发，只重重地点了点头，看来他很肯定自己的进步！"那怎么一点也不开心啊？"

他无奈地缓缓道出他的真实感受："老师讲的内容我都听不懂。我现在每天上课的任务就是等下课，上学的任务就是等放假，早上一点都不想起床！"

虽然我知道他没有智力方面的问题，只是在学习认字、识字与理解上有明显的困难，但从一位九岁的孩子口中听到这么现实的话，也让我相当错愕。

"所以，你希望煜涵老师帮你跟妈妈和老师说，让你不要上学或做作业吗？"他这时眼睛发亮地对着我点点头，好像瞬间得到了"神助"。

我笑着对他说："这个问题很严肃，也很不简单。老师没办法答应你一定能帮你达成愿望，但老师答应你会好好替你想办法，帮助你不要这么痛苦，好吗？"

宸彦用恳求的眼神望着我，不停地点头……

状况 27　孩子在学科学习上无法取得成就，甚至想放弃，怎么办？

● 关键忠告：孩子的能力本来就有高有低。天生头脑好、反应快的孩子也不是所有方面都优秀。天生反应慢或能力较差的孩子也不可能没有一点长处。

秘诀 93：降低要求，提供辅助资源，减少孩子对学习的抗拒。

宸彦本来就在学习上有困难，如果要用普通的标准要求他，会让他非常辛苦。

对于孩子在学习上的明显落后与困难，我们除了要找出背后的原因，也要接受孩子的真实状况。有些人天生就过目不忘，有些人学同样的东西要比其他人花更多的时间，这是每个人的先天差异。

如果我们无法接受孩子的不足，硬要孩子达到和别人一样的水平，只会给孩子带来不断的挫折，从而使孩子在学习时产生更多的抗拒心理与自我否定。

尽管父母有"望子成龙，望女成凤"的期待，但还是要接受孩子的不足。当父母能接受后，可以试着告诉孩子，课程的学习并非一切，若有跟不上进度或学习上有困难的情况一定要向老师或父母反映，这样不仅能让孩子得到帮助，还能让孩子在寻求帮助的过程中认识自己。

面对在学习上有困难的孩子，父母和老师要特别注意：学校是否针对孩子的学习能力做过完整的评估？学校是否有适当的辅导机制（课后辅导、补充教学）来帮助孩子？额外的辅导是否对孩子有帮助？孩子是否需要个别化辅导？作业的量是否会给孩子造成过大的压力？

一旦我们忽略这些细节，硬要孩子跟上同学的进度并达到和同学一样的能力水平，只会让孩子的学习根基不稳，应付作业，久而久之产生厌学心理。

所以，我跟宸彦的妈妈和老师达成共识，减少他的作业量，降低标准要求他；在普通班级上课时，尽量让孩子参与互动式的问答，让孩子用口语表达弥补识字困难，增加课堂参与感。

秘诀 94：辅以科技辅具与替代性学习。

在老师调整课程的难度以及提供辅助资源后，宸彦还是遇到很多困难。老师让他做相关评估，评估结果显示他的识字能力非常有限。三年级学生的识字量应该达到两千字到三千字的标准，他的识字量只有一百多个字，除了常见、常用的字外，很多字他都会认错或读错，课本、白板上的字他几乎都看不懂。抄写类的作业对他来说没什么问题，但是一旦遇到需要阅读理解的作业，他就无法完成。后来老师帮他申请了电子书，让家长可以在家辅导他学习。

后来他妈妈辞掉工作专职辅导他学习。我建议他妈妈利用问答或协助读题的方式，帮助他运算或作答。

初期宸彦妈妈会将宸彦的回答代写在作业本上，但因为他不认得，写下来的意义并不大，我建议她使用录音笔记录孩子的造句和写作作业（在那个年代智能手机并不普及，如果是现在可以用平板或手机）。在学校宸彦可以将需要抄写在联络簿上的注意事项等内容，都用录音笔录下来，用录音笔代替联络簿。

宸彦过去不喜欢看书（不识字），要看也只看幼儿园小朋友才看的绘本类书籍。我鼓励他妈妈买点读笔，协助孩子阅读，没想到宸彦从此对"听书"产生了兴趣。

由于过去他习惯通过视觉学习，听觉敏锐度相对较弱，我建议他妈妈在课余时间，多用学习光盘和广播节目让他通过听觉学习。

现在，我们可以通过教学视频、播客、手机、平板电脑上的学习 APP 让孩子拥有更多元的学习通道。

孩子知道了自己擅长的学习方式，上课时也会更专注地听课。少了写字和大量的认读任务，孩子在学习上似乎方向更加明确了，学习压力也减少了很多。

秘诀 95：强化优势能力，放下弱势。

就这样过了两年，宸彦升入五年级，他妈妈也积极践行我们共同讨论出来的一些学习策略，学校老师也非常愿意调整教学方式，让宸彦越来越适应新的学习方式。

然而，毕竟到了高年级，学习内容的难度相对提高不少，宸彦需要具备更强的逻辑思维能力与理解能力。老师与宸彦妈妈让宸彦学习认字、读字的心意一直以来都十分坚定，要求他每天花一些时间认字、读字、写字。

但是，据我这两年的观察，宸彦在这方面的进步非常有限，仍旧对于写字及认读有莫名的厌恶。每每他看向我，眼神中似乎又流露出当初的恳求，仿佛请求我像当初那样伸出援手，给他一些"救赎"。

后来，我终于在五年级上学期期末的会议上，直接问老师与家长，宸彦的认读、写字情况。老师与妈妈只是彼此对视了一下，露出无奈的表情。

我建议他们何不放弃这一部分的教学，转而教宸彦学习其他领域的内容，毕竟先天的缺失是难以弥补的，是否应该选择放下了。

老师与宸彦妈妈又打开了话匣子，分别阐述他们在生活中看到的宸彦的优势。大家都发现他的味觉很敏感。老师表示他可以察觉学校营养午餐的细微差异（换合作厂商、不同厨师的料理、同样菜色加入不同的调味料），宸彦妈妈也表示孩子常常在父母做饭时在旁边观看，似乎很想参与。

我们即刻请宸彦一同参与会议，确认他不讨厌学习，但认读给他带来很大的压力，他也确实对于烹饪充满好奇与兴趣。

我请宸彦妈妈这学期除了沿用以往的方式辅导宸彦学习外，让宸彦每天参与准备晚餐，从洗菜、切菜、煎蛋、剥皮等基础的任务开始学习烹饪。

没想到宸彦的学习能力就如同"本科生"一般，只经过一个寒假，他就能做出简单的四菜一汤。每次聊到做饭，他都能说上好一阵子。比起学科的学习，他似乎对烹饪有了更多的学习动力，刚学会了卤肉与煮咖喱，又想要学做麻婆豆腐、客家小炒、姜丝大肠……

秘诀 96：从学科以外的领域获得成就感。

一直到宸彦申请的服务时长快用尽时，我才抛出最后一个建议："既然大家在孩子的学习方面达成了共识，是不是应该减少他在学科学习上的压力？"

我告诉孩子学历是最基本的，至少要完成义务教育。孩子似懂非懂地点点头，露出无奈的表情。

宸彦现在就读的小学没办法让他展现自己的优势（厨艺），所以我请老师让宸彦担任班级干部或是老师的小帮手。如此一来，宸彦即便在学科学习上无法获得成就感，但也能学习到待人处事的技巧并获得成就感。

从纪律委员、英语课小老师、周记分享员，到学校的交通队队员、老师的小秘书，让宸彦每天上学时不把重心与焦点放在他的困难上，而是放在如何与老师、同学和睦相处上。

　　五年级下学期的服务是我与宸彦妈妈和宸彦的最后一次相处机会，直到宸彦小学毕业，我都不曾再见过他、他的妈妈和老师。

　　由于宸彦本身的状况特殊，我对他有深刻的印象，直到现在宸彦稚嫩的脸庞在我的脑海中还依稀可见！

　　每一个经过干预获得成功的学生，都离不开老师与家长的全力支持与配合。

　　后来，我在该学校的幼儿园，看到一位熟悉又陌生的面孔，原来是宸彦妈妈在学校当志愿者。宸彦妈妈过来跟我打招呼："您是林老师吧！"

　　我错愕地点点头。

　　她说："宸彦后来在××中学就读，他上九年级时，我们考虑了您的建议，最后决定让他在家自学。"

　　我很惊讶地回答："我没有建议让他在家自学啊？"

　　宸彦妈妈笑着说："我没有责怪老师的意思啦！您在服务过程中的建议让我和爸爸改变了对孩子的教育观念。他现在在家学习，其余时间在餐馆当学徒，他很开心。"

　　我小心翼翼地问道："他自己愿意的？"宸彦妈妈满足

地点点头。我有些震撼，但更多的是欣慰。

宸彦妈妈继续说："感谢老师两年来的帮助，他改变了好多好多。"

一直到现在，那句"改变了好多好多"常常萦绕在我的脑中。

我提到这些不是因为觉得自己有多伟大或帮了多少人，而是每当工作疲累或感到无力时，往往就是这一两个案例，支持我不放弃这份工作。

我也想跟忧心的父母们说："这些案例中的孩子的进步也可能出现在您的孩子身上，您也不可以放弃喔！"

羞怯王子

孩子有双明亮的眼睛，白白的皮肤像极了父母，还遗传了奶奶那"可以放牙签"的睫毛……最后一个案例就是我的大宝翔翔！

或许因为自己的工作，我在孩子的成长过程中习惯"紧盯"他各个方面的发展情况。他在一岁之前，多是由保姆照顾，在发展上没有特别明显的不足。翔翔一岁半左右时，我的太太决定辞去工作，当一个全职妈妈，专心陪伴与照顾孩子。

也许因为翔翔是家中的第一个孩子，爷爷、奶奶、姑姑、伯伯都特别宠爱他，妈妈也在卫生问题、生理状况、生活刺激等方面给予他特别的关注。翔翔各个领域的发展情况都算正常，只是学走路、讲话都比同龄人慢一到两个月，不过也称不上"迟缓"。

翔翔小时候好动，但也算守规矩。不过，一直以来让我们最困扰的，其实是他的过度害羞（这一点有点像我小时候，只是翔翔是"升级版"），不管是熟人还是陌生人，他都不愿意跟人有眼神接触或者打招呼。

翔翔年龄还小时，我们觉得可以等等（许多专家说逼孩子打招呼会给孩子造成心理"阴影"）。一直到他四岁，他甚至都不愿意和最亲的爷爷、奶奶打招呼了，家庭聚餐时，他还因为人多不肯进餐厅，并失控尖叫哭闹。至此，我和太太才觉得不对劲。

孩子的这种异常举动与行为以后必定会给他带来困扰。我与太太沟通后，决定要好好"修正"一下孩子。

状况 28　孩子与人打招呼、说话，都缺乏自信，怎么办？

● 关键忠告：孩子的个性有先天的差异，有人天生活泼外向，有人天生害羞内向，家长可以随着孩子年龄的增长慢慢引导孩子。若是孩子不愿意踏出"舒适圈"，未来或许就少了与人交流和学习的机会。

秘诀 97：利用替代性的方式打招呼。

我是如何发现孩子的问题很严重的呢？记得我的儿子翔翔三岁时，我们要求他跟对面便利店的奶奶打招呼，他躲在妈妈身旁表示不敢。到四岁时，他也不想跟这位奶奶打招呼。我们问他："是不是不喜欢奶奶？"他摇摇头。我又追问："那为什么不打招呼？""不知道。"他回答。

到了五岁时，我再问他，他说："不想。"

我们夫妻试着尊重孩子的想法，但孩子如果一直不回应别人，也不跟别人交流，我们担心他未来会有人际关系或社交礼仪方面的问题。如果仅仅是不和陌生人打招呼就算了，但这位开便利店的奶奶对孩子来说并不算陌生，翔翔每天进出家门都会看到她。后来，翔翔甚至见到熟悉的祖父母、伯伯、姑姑也不打招呼，我们决定不再为他的害羞找借口，而是用鼓励与威胁的方式"推他一把"。

"如果你不想说，至少你要挥挥手，否则就不能喝奶奶给你的饮料。"翔翔终于不情不愿、敷衍地挥了挥手，我则继续给予正面反馈："你看，奶奶笑得多开心！"

到爷爷家之前，我已经事先提醒他不可以忘记打招呼，不然就不能进去。一到爷爷家，果不其然，他脱了鞋就跑进去，我和太太立马叫他出来："刚刚我们约定过什么？你做到了吗？"

他惊恐地摇摇头，我和太太二话不说把他拖进电梯，下到一楼作势离开。他哭着说不敢了，要跟他们打招呼。

我跟他说："我再给你一次机会，你可以直接说大家好，不用和每个人打招呼，这样简单多了吧！"

再次上楼，翔翔终于挥着双手说："大家好！"但他的眼神依旧回避，也算过关了。

后来，就这样持续重复了三到五次，孩子就不抗拒了。

我讲这些不是要强调自己和太太是"虎爸""虎妈"，而是想说我们不能一味尊重孩子的意愿，也要试着让孩子成长与改变。

我们应该教导孩子讲礼貌、懂规矩。孩子年龄小不要紧，可以慢慢来；孩子不敢做也不要紧，可以教他方法。

现在翔翔十二岁了，依然不喜欢跟人有眼神接触，打招呼对他来说仍然是一种机械式的互动，但其他人至少不会认为他是无礼而又孤僻的孩子了。

然而，若说翔翔的个性害羞，也不完全准确。他与人熟悉后又很活泼，只好姑且说他是慢热、没自信。

翔翔与弟弟相差四岁，弟弟和他比起来显得更大方、活泼、好动。哥哥的身份对他来说一定有些压力（手足之间难免互相比较）。

他上中班的时候，我发现他在学校很抗拒在别人面前表现。他感觉全世界都在关注他，这让他觉得很丢脸（"偶像包袱"特别重？）。甚至在一次幼儿园举办的母亲节活动中，他看到我和太太突然出现，立刻停下了集体舞蹈表演。

老师也表示只要当众叫他起身回答问题，他一律站着发呆。

那时候翔翔五岁，他说老师问的问题他都会，跳舞的舞步也都记得，但就是讨厌在别人面前讲话、唱歌、跳舞。其实我小时候也是如此！回想过去，倘若自己不那么害羞，更勇敢一些，或许不会丧失那么多自我肯定的机会，所以我和太太决定要好好训练他。

秘诀 98：利用手足或朋友的陪伴增加孩子的自信。

过去我曾是"假日爸爸"，离开医疗体系后，才成为一个正常上下班的父亲。自那以后，我陪伴孩子的时间变多了，也能跟太太共同承担孩子的教养责任了。

孩子在上小学前，我们规定他每天晚上八点睡觉。上床前我们会有一段"亲子聊天"时间，利用这段时间，我除了能跟孩子谈天说地外，也可以对他进行诸多的训练。

弟弟渐渐长大，他那活泼的个性也激励着翔翔。我们让兄弟俩在这段"亲子聊天"时间做各种表演，如唱歌跳舞、角色扮演、表情演绎等，让孩子能先勇敢地在我们面前表演。和弟弟一起让翔翔不再感到我们好像只看他。然后，我们会把他们表演、玩乐、嬉闹的样子拍摄下来，结束后让他们看看自己的表现。

或许因为在家人面前，或许因为有弟弟的陪伴，又或许因为经过了长时间的练习，翔翔对自己的肢体动作有了更多的信心（他属于动作协调能力比较弱的孩子）。

渐渐地，对翔翔来说，被关注似乎已经没那么可怕，与弟弟一起唱唱跳跳似乎成为日常的一部分。我与太太也会跟他们一同玩乐。学校老师也发现孩子有了极大的进步。翔翔自己也增加了不少自信。

秘诀 99：练习在众人面前讲话与表现自己。

翔翔在五岁那年，遇到了许多对他来说极为困难的考验。当时我们要搬家，曾担心他无法适应，因为他需要相对久的时间适应新的人、新的环境。但或许是因为我们给翔翔做了上述的练习，他就算离开待了两年多的幼儿园，也适应得比想象中的好，很快就融入了新的环境。

记得转学后的第一年，他们中班小朋友在大班的毕业典礼上表演。表演后，老师让毕业班的小朋友单独轮流上台说毕业感言。那是聚光灯打在身上完全看不到观众的正式表演舞台。典礼结束回家后，我告诉翔翔明年他也要上台说毕业感言，他惊恐地对我摇头说："绝对办不到！"

我和他妈妈笑着问他："如果我们能帮你做到，你愿意配合爸爸妈妈吗？"

他点点头。

隔天我们就开始在睡前的"亲子聊天"时间做一年后的致辞练习："大家好，我是××班的林翔翔，感谢××老师对我的照顾，感谢××老师教我写字，感谢爸妈……"我们陪他拟好台词，让他从上台敬礼，背完台词到下台敬礼，完整演练一次。

当然我们是用玩耍的方式，快两岁的弟弟也一起参与（弟弟的语言发展非常快，能模仿哥哥的动作与台词），就这样反复练习。

那年春节之前，我们也开始让翔翔练习要红包台词："大家好，我是林翔翔，今年六岁，最喜欢的人是弟弟，最喜欢看电视，恭喜恭喜新年快乐，爱你喔！"还跟翔翔说，过年只要碰到长辈给红包，就必须说出要红包台词。

过完年后，我们接着练习毕业感言。到了毕业典礼那天，翔翔已经能稳健而不胆怯地上台表演了。

后来，学校还举办了一次钢琴会演，虽然他才刚开始学（只会单手弹），但我们拜托老师让他也参与表演，目的就是让翔翔大胆展示。

就这样，他开始不抗拒在众人面前讲话，又因为自信增加，跟人的眼神交流也多了不少。

翔翔上小学后虽然还是比较被动，但被老师叫到也能起身回答问题，甚至还能勇敢地自愿担任班级干部了。

翔翔和大部分孩子一样会挑食，但是他挑食的点比较特别。多数的孩子可能会挑剔味道、口感，他则不吃没吃过的。即使大家都觉得特别好吃的蛋糕、饮料、饼干等美食，他只要没吃过，一律坚持不碰。

这种莫名的坚持除了体现在饮食上，还延伸到了学习和生活上。例如，在公园，没玩过的器具绝对不去碰；玩玩具只玩旧的；没去过的地方、没坐过的交通工具都会引起他的负面情绪。

我从父亲口中得知我小时候也有过固执、不愿意尝试的情况，例如，全家都穿戴着民族服饰拍照，只有我穿着日常服装，还挂着两行泪入镜。我的父母那时候也不知道原因。

现在，轮到我体会当初爸妈的无奈了。

状况 29　孩子不愿意尝试新活动、新游戏、新食物，容易怕失败，怎么办？

- 关键忠告：许多孩子不愿意尝试新事物或做出改变，严重的甚至有一定的刻板行为和固着兴趣。这是因为躲在"舒适圈"里让他们更有安全感和掌控感，家长要试着帮孩子打破既定模式，增加更多的尝试。

秘诀 100：利用"威逼利诱"引起孩子的兴趣。

处理挑食问题时，家长可以参考前面的秘诀 2。

翔翔小时候非常喜欢玩水，但仅限于在家里的浴缸里及泳池边的阶梯上。无论我们怎么样鼓励孩子走进水很浅的"娃娃池"，他就是不愿意。"虎爸"作风的我只好抱着他进"娃娃池"，让他的一半身体浸入池中。

第一次入池时他当然会尖叫、哭闹，我忍受他的崩溃情绪，只是不断跟他说："你好棒，等上了岸，妈妈给你吃糖糖！"我就这样带他玩了五分钟，再带他上岸让妈妈安抚。当他情绪稳定，开心吃糖时，我告诉他："等一下爸爸再陪你去玩一会儿水。"他听后就开始哭泣说："不要，不要！"

我还是像之前那样，带他进入水池好几次。"哇！翔翔好勇敢，从水里飞高高喽！"终于在回家前，翔翔已经能在我怀里开心地"飞高高"了。慢慢地，翔翔玩乐时的开心感觉大于恐惧感，也就克服了心理障碍。

之后许多的尝试也都是我"半强迫半鼓励"着陪他去体验的，像是走吊桥、走钢索（儿童等级的）、漂流、攀岩、爬山、憋气……或许他的个性就是特别胆小谨慎，但我很清楚他的能力。他的童年若少了这些经历，我会觉得很可惜。

或许是尝试的经验多了，孩子长大一些后，甚至会说："那个会辣吗？那个很恐怖吗？我可以试试看吗？"

现在翔翔十二岁，可以和我们一起享受各种美食（麻辣鸭血、泰式料理、酸辣汤、麻婆豆腐、生菜沙拉……），去游乐园也可以玩得很尽兴（碰碰车、云霄飞车、海盗船、旋转秋千……）。

如果我之前选择继续遵照孩子的意愿什么都不尝试，相信他现在的生活体验一定不会如此多姿多彩。所以，"阵痛"是需要的。

秘诀 101：先让孩子体验到成功的快感。

翔翔的个性比较胆小，缺乏安全感。他的优点是好胜心强且求好心切，缺点是对于没有玩过、碰过的活动或游戏，一概不愿意轻易尝试，即便是看似简单又能够轻易上手的事情他也不愿意"冒险"。

了解孩子的个性后，我在让他接触许多学习内容或游戏时，都会放慢速度，避免贸然行事。一旦他有了失败或不好的体验，下次再让他参与就要花更大的功夫。

记得翔翔四岁的时候，因为不会玩丢接球，便不愿意参与学校活动。为了让他感受到玩丢接球的乐趣，并愿意学习这项技能，初期我带他去他最喜欢的公园，在玩之前请他将双手伸直手心向上，我在他的手心上方把球丢下让他接住，然后给他极大的鼓励。他很开心自己接得到球。我跟他说接二十次就可以去荡秋千，他就这样完成了第一次的练习。

之后每次去公园，我就让他接二十次球，等到他熟练了，我再慢慢增加难度（把球从更高、更远的地方丢出，把球丢到他怀里，让他用手掌接球）。慢慢地，他对丢接球不再那么抗拒，也觉得自己有能力可以做得更好。练习了半年，他已经可以跟我用形似棒球手套的板子单手接球了。

我用同样的方式让他尝试其他的学习内容，例如，教他下象棋时，为了怕他输了就发脾气不玩，初期的时候都刻意让他赢，让他有成功的体验，增加他的自信。等到他比较熟练，可以自行判断棋局时，我才"事先预告"："爸爸要认真了喔！如果翔翔输了不可以发脾气！"当然，前一两次他都因为输了有点不高兴，但我会跟他说明比赛本来就有输赢，然后再故意连续输他几盘，如此一来，他的成就感多于挫败感，渐渐地，对于输赢的结果似乎也没那么在意了。

上了小学后，他主动跟我说他在学校下棋，常常赢同学，但总是输给一位"高手"，但他会自己说服自己"输了又没有什么关系，他比我花在下棋上的时间多多了"。然后又要求我说："爸爸，你陪我练习！"

翔翔似乎已经能够了解自己的优势、劣势，也因为接受了这些训练，他开始愿意尝试新的活动、游戏，也不会因为有不好的体验而自我放弃。

秘诀 102：家长应该以身作则，自己先做出改变。

不管是食物或喜好的选择，还是对新事物的学习，当孩子因为个性原因很难跨出第一步时，家长的作用往往非常重要。如果连家长都不愿意尝鲜，也不愿意改变喜好或习惯，那又如何教导孩子接受千变万化的世界呢？就像带孩子去游乐园，如果家长自己都害怕不敢玩，那又如何说服孩子要勇于尝试呢？

我本身也有一点挑食，但要说服孩子尝试吃葱、姜、蒜、香菜等，所以即便自己不是非常喜欢，也要为孩子做出榜样，尽量不在孩子面前表现出对食物的抗拒。

在翔翔的成长过程中，我和太太也试着让自己接受更多的变化。

其实，在教育孩子的过程中，最重要的就是陪伴。倘若孩子天生胆大、求新求变、自我探索能力强，在安全的范围内，家长当然只要在旁边鼓励或当一个记录者就好了。若是孩子像翔翔一样不肯变化、不愿尝试、过于小心、害怕失败，那家人与孩子一同参与就显得很重要了。

有些人觉得孩子长大了就会改变，但我认为许多的行为都是所谓的"个性使然"。如果孩子能提早拥有各种能力，未来在学校、社会中应该更容易"生存"。当然，这只是我给大家的一点建议。

我本身就不是一个果断的人，翔翔可能遗传了我的优柔寡断，而且"青出于蓝"。

翔翔由于好胜心强和"爱面子"，往往心中很有想法却不敢表达。

我和他妈妈发现后觉得如果这样下去，孩子未来会受很多委屈（做事情都顺着别人的决定），也会产生很多负面情绪（因为别人的决定不一定是自己想要的）。例如，小到买饮料、面包，大到生日礼物和庆生地点的选择，面对这些选择时，翔翔常会面露难色地说"不知道""都可以"，但当我们帮他做了决定，却不如他所期望的时候，他便会发脾气或哭泣。

状况 30　孩子有选择障碍，怎么办？

有选择障碍的孩子往往因为成长过程中的一些不好的体验，而不敢做决定。

这样的孩子觉得当一个"没意见"的人，就不会与他人在对错、是非、好坏方面产生分歧，也不用承受结果带来的心理压力。

● 关键忠告：选择障碍并非一种疾病，而是一种由焦虑造成的心理现象，多半与性格和家庭的教养有关。

秘诀 103：利用生活需求以及喜好，让孩子选择。

我们发现翔翔有选择障碍后，就经常要求他表达内心的想法，要求他必须承担错误决定带来的后果，而不是让我们帮他选择，然后因为结果不如意而指责我们。

例如，带他去选饮料，他纠结要买汽水还是果汁，我或他妈妈会跟他说："自己选，不然就不能买了。"当他喝了后悔时，就再告诉他："下次就知道要选哪个了吧！"

如果他因为纠结迟迟不下决定，我们就选择离开不买了。这是利用他本身的需求，迫使他必须做出选择。

有一次，经过手工麻薯店，弟弟吵着要吃，太太问大家还有谁要吃，只有翔翔没说话，太太再次强调："那就不给你买了喔！"翔翔点点头。

回家后大家开心地吃麻薯，结果他在一旁哭闹着也要吃，我问他："你刚刚自己决定不要的，不是吗？"

他说刚才不想吃，但现在想。我就告诉他以后请考虑清楚再决定，因为别人不会因为你哭闹就给你东西。当天我还是分了一口麻薯给他，但相信这次的经历会让他未来更小心谨慎地做选择。

秘诀 104：跟孩子分享自己做选择的经验，适当地给予孩子引导与解释。

有选择障碍的孩子最害怕的就是选错和遭遇挫折。

在训练孩子的过程中，我们残酷地让孩子自己做决定，而当孩子承受不好的结果时，我们要不厌其烦地鼓励他继续选择，也要陪伴他抚平失落感，跟他说："这是正常的，爸爸过去也是因为选错了……结果……"让孩子知道事情都有正反两面，选择对了固然开心，选择错了依然要坦然以对，反省检讨，谨记在心，而不要有过多的失落感或挫败感。

帮助孩子建立接受挫折的能力，让他不再害怕做错决定带来的后果。适时地让孩子在生活中大大小小的事情上做选择，不断练习面对选择后的结果。

秘诀 105：让孩子通过选择学会对自己负责。

从吃的东西、喝的饮料，到生日礼物、玩耍的场所……我们时时刻刻都在提醒孩子"人生就是无限的抉择"。

我们最常让孩子思考的就是："当你只有这么多钱，你要考虑是用来买零食、买玩具，还是用来度假。"让孩子养成自己做决定，自己承担后果的习惯。

从他上幼儿园开始，我们就不断训练他要对自己负责。现在，他要升初中了，已经能分清什么是重要的，也能分辨许多事情的轻重缓急，做决定前的思考与盘算也显得更清晰与成熟。

　　所以，我鼓励家长们、老师们多多让孩子自己做选择，让他们能勇敢面对人生。

图书在版编目（CIP）数据

做不吼不叫的父母：儿童教养的105个秘诀 / 林煜涵著. -- 北京：华夏出版社有限公司, 2025. -- ISBN 978-7-5222-0846-6

Ⅰ. G782

中国国家版本馆 CIP 数据核字第 2024GF0137 号

做不吼不叫的父母：儿童教养的 105 个秘诀

作　　者	林煜涵
责任编辑	许　婷　李傲男
出版发行	华夏出版社有限公司
经　　销	新华书店
印　　装	三河市少明印务有限公司
版　　次	2025 年 3 月北京第 1 版
	2025 年 3 月北京第 1 次印刷
开　　本	880×1230　1/32 开
印　　张	5.25
字　　数	105 千字
定　　价	49.00 元

华夏出版社有限公司　地址：北京市东直门外香河园北里 4 号
邮编：100028 网址:www.hxph.com.cn
电话：（010）64663331（转）
若发现本版图书有印装质量问题，请与我社营销中心联系调换。